Applicare i

Diritti Umani

con la

Nuova Democrazia

Luigi Duca

Titolo: Applicare i Diritti Umani con la Nuova Democrazia

Seconda edizione: gennaio 2025

Prima Edizione: novembre 2024

ISBN 978-1-326-88616-5

Marchio editoriale: Lulu.com

DEDICA

A tutti gli individui che desiderano
la propria libertà e quella altrui nel
rispetto del libero arbitrio di tutti

Indice

PRESENTAZIONE

Con semplicità ed intelligenza Luigi riesce a far comprendere come l'ONU con la relativa "dichiarazione dei diritti umani" sia così importante nella nostra vita.

La sua attenta analisi mette in evidenza come purtroppo fra la teoria e la pratica vi è una differenza enorme.

Le sue critiche sono sempre accompagnate da soluzioni e questa è la bellezza di questo libro.

La spiritualità di Luigi emerge sempre lasciando consigli utili, per tutti coloro che vogliono uscire da questa continua forma di soppressione e confusione.

Complimenti sinceri per tutto il lavoro, che anche in questo libro Luigi fa per la consapevolezza di ogni Anima.

Carmine Conca

INTRODUZIONE

Questo libro è stato scritto per la Giustizia, quella vera.
È stato scritto per la Pace, non per la sudditanza camuffata da democrazia.
È stato scritto con Vero Amore per l'Umanità intera.
È stato scritto spontaneamente, senza alcuno scopo diverso da ciò che dice, ma unicamente per il bene comune.

Questo è il libro che darà inizio al nuovo cambiamento.
Perché la società va cambiata, possibilmente in meglio.
Perché se esistiamo, è soltanto per questo.

La storia siamo noi. Sta solo a noi cambiarla.

DIRITTI INCOMPRESI

Perché i diritti umani non vengono quasi mai applicati?
Perché sono sempre rimasti incompresi.
Questa è la pura verità.

Tutte le autorità e non solo, si riempiono la bocca di continuo con queste parole: "diritti" e "umani".
Eppure nessuna di queste autorità li ha mai applicati veramente.
Perché?

In questo testo vengono chiariti i veri motivi per cui nessuno si è mai preso la briga di fare rispettare veramente i diritti umani "inalienabili", nonostante che siano sempre sulla bocca delle istituzioni, e di tutti quelli che le appoggiano.
...Sulla bocca, sì, ma per essere mangiati...

L'ONU nel 1948 ha fatto la dichiarazione universale dei diritti umani... Dopodiché si è "dimenticata" di farli applicare!

Mi duole dirlo, ma quei diritti umani scritti sulla dichiarazione sono tanto belli quanto disattesi ovunque.
Mi duole, ma allo stesso tempo mi prende la responsabilità di dover ribaltare questa assurda realtà dove tutto sembra girare al contrario!
Questa ulteriore presa di coscienza mi rende finalmente deciso a portare un vero cambiamento, inarrestabile ed irreversibile quanto la consapevolezza pura, dopo un attento e meticoloso studio della mente e della società durato decenni, con la divulgazione di tutte le mie nuove ed importantissime intuizioni.

Da sempre esprimo la mia contrarietà al sistema sociale in cui viviamo e da diversi anni pubblico testi che mostrano quale sia la radice più profonda di tutto il marcio e di tutti i mali che il nostro sistema sociale possiede.

7

La nostra società, con il proprio sistema legislativo completamente corrotto, dichiara in lungo ed in largo di difendere a spada tratta i diritti umani dichiarati dall'ONU nel 1948, ma riesce sempre e comunque a non applicarli.
Questo avviene perché le stesse persone che compongono la società non hanno mai compreso totalmente questi diritti.

Siamo nel 2024.
Il mondo sta andando allo sfascio. Ci sono guerre in atto che coinvolgono già tutti i Paesi del mondo, direttamente od indirettamente.
Libertà vera, non ce n'é.
Molti affermano di essere liberi, ma, come cantava Vasco Rossi: "... Liberi da che cosa?"
L'uguaglianza tanto decantata dai diritti umani e dalle Costituzioni dei vari Paesi del mondo... dov'è?
E la sicurezza? Non ce n'é.
Schiavitù si, di quella ce n'è parecchia... Eppure sarebbe vietata dalla legge, ma...

Qualcosa sfugge forse ai magistrati, quelli che dovrebbero essere i primi ad applicare e fare applicare le leggi?

In Italia non c'è più niente che funziona!
I criminali liberi nelle strade, nelle scuole, negli ospedali ed in ogni istituzione.
La sanità è al collasso, le carceri sono al collasso, le scuole sono allo sbando e crollano sopra gli studenti che spesso vessano gli insegnanti...
Gli stipendi hanno sempre meno valore ed il grosso del popolo ha sempre meno soldi, tant'è vero che non può permettersi nemmeno di curarsi, nemmeno di provvedere ai propri bisogni primari o di ristrutturare le proprie case o gli edifici pericolanti adibiti come scuole... E così le case crollano, le strutture pubbliche crollano, le strade sono piene di buche...
Tutto sta andando alla rovina.
Però nel 2022 il governo ha stanziato 48 miliardi per la "digitalizzazione", mentre diversi cittadini si suicidavano perché non riuscivano più ad andare avanti...

Eh si, la digitalizzazione era la priorità di quel governo!
Come gli impianti di microchip installati nel cervello e le scelte "green" che vengono decantate per darci dei vantaggi, ma...
Sarà davvero così? Oppure fanno parte di un programma più complesso che vuole arrivare al controllo totale sul libero arbitrio di ogni singolo essere umano per "tenerlo a bada" ed impedirgli la propria libertà, nonostante tutte le leggi e le dichiarazioni di libertà individuale, in una sorta di "illusione di libertà"?

Liberiamoci da tutto questo torpore di ingiustizia e torniamo finalmente liberi come eravamo al principio della nostra esistenza.

Nel capitolo successivo viene riportata, esattamente com'è stata pubblicata, la dichiarazione universale dei diritti umani.

DICHIARAZIONE UNIVERSALE DEI DIRITTI UMANI

Il 10 dicembre 1948, l'Assemblea Generale delle Nazioni Unite approvò e proclamò la Dichiarazione Universale dei Diritti Umani, il cui testo completo è stampato nelle pagine seguenti. Dopo questa solenne deliberazione, l'Assemblea delle Nazioni Unite diede istruzioni al Segretario Generale di provvedere a diffondere ampiamente questa Dichiarazione e, a tal fine, di pubblicarne e distribuirne il testo non soltanto nelle cinque lingue ufficiali dell'Organizzazione internazionale, ma anche in quante altre lingue fosse possibile usando ogni mezzo a sua disposizione.

Preambolo

Considerato che il riconoscimento della dignità inerente a tutti i membri della famiglia umana e dei loro diritti, uguali ed inalienabili, costituisce il fondamento della libertà, della giustizia e della pace nel mondo;

Considerato che il disconoscimento e il disprezzo dei diritti umani hanno portato ad atti di barbarie che offendono la coscienza dell'umanità, e che l'avvento di un mondo in cui gli esseri umani godano della libertà di parola e di credo e della libertà dal timore e dal bisogno è stato proclamato come la più alta aspirazione dell'uomo;

Considerato che è indispensabile che i diritti umani siano protetti da norme giuridiche, se si vuole evitare che l'uomo sia costretto a ricorrere, come ultima istanza, alla ribellione contro la tirannia e l'oppressione;

Considerato che è indispensabile promuovere lo sviluppo di

10

rapporti amichevoli tra le Nazioni;

Considerato che i popoli delle Nazioni Unite hanno riaffermato nello Statuto la loro fede nei diritti umani fondamentali, nella dignità e nel valore della persona umana, nell'uguaglianza dei diritti dell'uomo e della donna, ed hanno deciso di promuovere il progresso sociale e un miglior tenore di vita in una maggiore libertà;

Considerato che gli Stati membri si sono impegnati a perseguire, in cooperazione con le Nazioni Unite, il rispetto e l'osservanza universale dei diritti umani e delle libertà fondamentali;

Considerato che una concezione comune di questi diritti e di questa libertà è della massima importanza per la piena realizzazione di questi impegni;

L'ASSEMBLEA GENERALE

proclama la presente dichiarazione universale dei diritti umani come ideale comune da raggiungersi da tutti i popoli e da tutte le Nazioni, al fine che ogni individuo ed ogni organo della società, avendo costantemente presente questa Dichiarazione, si sforzi di promuovere, con l'insegnamento e l'educazione, il rispetto di questi diritti e di queste libertà e di garantirne, mediante misure progressive di carattere nazionale e internazionale, l'universale ed effettivo riconoscimento e rispetto tanto fra i popoli degli stessi Stati membri, quanto fra quelli dei territori sottoposti alla loro giurisdizione.

Articolo 1

Tutti gli esseri umani nascono liberi ed eguali in dignità e diritti. Essi sono dotati di ragione e di coscienza e devono agire gli uni verso gli altri in spirito di fratellanza.

Articolo 2

Ad ogni individuo spettano tutti i diritti e tutte le libertà enunciate nella presente Dichiarazione, senza distinzione alcuna, per ragioni di razza, di colore, di sesso, di lingua, di religione, di opinione politica o di altro genere, di origine nazionale o sociale, di ricchezza, di nascita o di altra condizione. Nessuna distinzione sarà inoltre stabilita sulla base dello statuto politico, giuridico o internazionale del paese o del territorio cui una persona appartiene, sia indipendente, o sottoposto ad amministrazione fiduciaria o non autonomo, o soggetto a qualsiasi limitazione di sovranità.

Articolo 3

Ogni individuo ha diritto alla vita, alla libertà ed alla sicurezza della propria persona.

Articolo 4

Nessun individuo potrà essere tenuto in stato di schiavitù o di servitù; la schiavitù e la tratta degli schiavi saranno proibite sotto qualsiasi forma.

Articolo 5

Nessun individuo potrà essere sottoposto a tortura o a trattamento o a punizione crudeli, inumani o degradanti.

Articolo 6

Ogni individuo ha diritto, in ogni luogo, al riconoscimento della sua personalità giuridica.

Articolo 7

Tutti sono eguali dinanzi alla legge e hanno diritto, senza alcuna discriminazione, ad una eguale tutela da parte della legge. Tutti hanno diritto ad una eguale tutela contro ogni discriminazione che violi la presente Dichiarazione come contro qualsiasi incitamento a tale discriminazione.

Articolo 8

Ogni individuo ha diritto ad un'effettiva possibilità di ricorso a competenti tribunali contro atti che violino i diritti fondamentali a lui riconosciuti dalla costituzione o dalla legge.

Articolo 9

Nessun individuo potrà essere arbitrariamente arrestato, detenuto o esiliato.

Articolo 10

Ogni individuo ha diritto, in posizione di piena uguaglianza, ad una equa e pubblica udienza davanti ad un tribunale indipendente e imparziale, al fine della determinazione dei suoi diritti e dei suoi doveri, nonché della fondatezza di ogni accusa penale che gli venga rivolta.

Articolo 11

1) Ogni individuo accusato di un reato è presunto innocente sino a che la sua colpevolezza non sia stata provata legalmente in un pubblico processo nel quale egli abbia avuto tutte le garanzie necessarie per la sua difesa.
2) Nessun individuo sarà condannato per un comportamento commissivo od omissivo che, al momento in cui sia stato perpetuato, non costituisse reato secondo il diritto interno o secondo il diritto internazionale. Non potrà del pari essere inflitta alcuna pena superiore a quella applicabile al momento in cui il reato sia stato commesso.

Articolo 12

Nessun individuo potrà essere sottoposto ad interferenze arbitrarie nella sua vita privata, nella sua famiglia, nella sua casa, nella sua corrispondenza, né a lesione del suo onore e della sua reputazione. Ogni individuo ha diritto ad essere tutelato dalla legge contro tali interferenze o lesioni.

Articolo 13

Ogni individuo ha diritto alla libertà di movimento e di residenza entro i confini di ogni Stato.
Ogni individuo ha diritto di lasciare qualsiasi paese, incluso il proprio, e di ritornare nel proprio paese.

Articolo 14

Ogni individuo ha il diritto di cercare e di godere in altri paesi asilo dalle persecuzioni.
Questo diritto non potrà essere invocato qualora l'individuo sia realmente ricercato per reati non politici o per azioni contrarie ai fini e ai principi delle Nazioni Unite.

Articolo 15

Ogni individuo ha diritto ad una cittadinanza.
Nessun individuo potrà essere arbitrariamente privato della sua cittadinanza, né del diritto di mutare cittadinanza.

Articolo 16

Uomini e donne in età adatta hanno il diritto di sposarsi e di fondare una famiglia, senza alcuna limitazione di razza, cittadinanza o religione. Essi hanno eguali diritti riguardo al matrimonio, durante il matrimonio e all'atto del suo scioglimento.
Il matrimonio potrà essere concluso soltanto con il libero e pieno consenso dei futuri coniugi.
La famiglia è il nucleo naturale e fondamentale della

società e ha diritto ad essere protetta dalla società e dallo Stato.

Articolo 17

Ogni individuo ha il diritto ad avere una proprietà sua personale o in comune con altri.
Nessun individuo potrà essere arbitrariamente privato della sua proprietà.

Articolo 18

Ogni individuo ha diritto alla libertà di pensiero, di coscienza e di religione; tale diritto include la libertà di cambiare di religione o di credo, e la libertà di manifestare, isolatamente o in comune, e sia in pubblico che in privato, la propria religione o il proprio credo nell'insegnamento, nelle pratiche, nel culto e nell'osservanza dei riti.

Articolo 19

Ogni individuo ha diritto alla libertà di opinione e di espressione incluso il diritto di non essere molestato per la propria opinione e quello di cercare, ricevere e diffondere informazioni e idee attraverso ogni mezzo e senza riguardo a frontiere.

Articolo 20

Ogni individuo ha diritto alla libertà di riunione e di associazione pacifica.

Nessuno può essere costretto a far parte di un'associazione.

Articolo 21

Ogni individuo ha diritto di partecipare al governo del proprio paese, sia direttamente, sia attraverso rappresentanti liberamente scelti.
Ogni individuo ha diritto di accedere in condizioni di eguaglianza ai pubblici impieghi del proprio paese.
La volontà popolare è il fondamento dell'autorità del governo; tale volontà deve essere espressa attraverso periodiche e veritiere elezioni, effettuate a suffragio universale ed eguale, ed a voto segreto, o secondo una procedura equivalente di libera votazione.

Articolo 22

Ogni individuo, in quanto membro della società, ha diritto alla sicurezza sociale, nonché alla realizzazione attraverso lo sforzo nazionale e la cooperazione internazionale ed in rapporto con l'organizzazione e le risorse di ogni Stato, dei diritti economici, sociali e culturali indispensabili alla sua dignità ed al libero sviluppo della sua personalità.

Articolo 23

Ogni individuo ha diritto al lavoro, alla libera scelta dell'impiego, a giuste e soddisfacenti condizioni di lavoro ed alla protezione contro la disoccupazione.
Ogni individuo, senza discriminazione, ha diritto ad eguale retribuzione per eguale lavoro.

Ogni individuo che lavora ha diritto ad una rimunerazione equa e soddisfacente che assicuri a lui stesso e alla sua famiglia una esistenza conforme alla dignità umana ed integrata, se necessario, da altri mezzi di protezione sociale.

Ogni individuo ha diritto di fondare dei sindacati e di aderirvi per la difesa dei propri interessi.

Articolo 24

Ogni individuo ha diritto al riposo ed allo svago, comprendendo in ciò una ragionevole limitazione delle ore di lavoro e ferie periodiche retribuite.

Articolo 25

Ogni individuo ha diritto ad un tenore di vita sufficiente a garantire la salute e il benessere proprio e della sua famiglia, con particolare riguardo all'alimentazione, al vestiario, all'abitazione, e alle cure mediche e ai servizi sociali necessari; ed ha diritto alla sicurezza in caso di disoccupazione, malattia, invalidità, vedovanza, vecchiaia o in altro caso di perdita di mezzi di sussistenza per circostanze indipendenti dalla sua volontà.

La maternità e l'infanzia hanno diritto a speciali cure ed assistenza. Tutti i bambini, nati nel matrimonio o fuori di esso, devono godere della stessa protezione sociale.

Articolo 26

Ogni individuo ha diritto all'istruzione. L'istruzione deve essere gratuita almeno per quanto riguarda le classi

elementari e fondamentali. L'istruzione elementare deve essere obbligatoria. L'istruzione tecnica e professionale deve essere messa alla portata di tutti e l'istruzione superiore deve essere egualmente accessibile a tutti sulla base del merito.
L'istruzione deve essere indirizzata al pieno sviluppo della personalità umana ed al rafforzamento del rispetto dei diritti umani e delle libertà fondamentali. Essa deve promuovere la comprensione, la tolleranza, l'amicizia fra tutte le Nazioni, i gruppi razziali e religiosi, e deve favorire l'opera delle Nazioni Unite per il mantenimento della pace.
I genitori hanno diritto di priorità nella scelta del genere di istruzione da impartire ai loro figli.

Articolo 27

Ogni individuo ha diritto di prendere parte liberamente alla vita culturale della comunità, di godere delle arti e di partecipare al progresso scientifico ed ai suoi benefici.
Ogni individuo ha diritto alla protezione degli interessi morali e materiali derivanti da ogni produzione scientifica, letteraria e artistica di cui egli sia autore.

Articolo 28

Ogni individuo ha diritto ad un ordine sociale e internazionale nel quale i diritti e le libertà enunciati in questa Dichiarazione possano essere pienamente realizzati.

Articolo 29

Ogni individuo ha dei doveri verso la comunità, nella quale soltanto è possibile il libero e pieno sviluppo della sua personalità.

Nell'esercizio dei suoi diritti e delle sue libertà, ognuno deve essere sottoposto soltanto a quelle limitazioni che sono stabilite dalla legge per assicurare il riconoscimento e il rispetto dei diritti e delle libertà degli altri e per soddisfare le giuste esigenze della morale, dell'ordine pubblico e del benessere generale in una società democratica.

Questi diritti e queste libertà non possono in nessun caso essere esercitati in contrasto con i fini e principi delle Nazioni Unite.

Articolo 30

Nulla nella presente Dichiarazione può essere interpretato nel senso di implicare un diritto di un qualsiasi Stato, gruppo o persona di esercitare un'attività o di compiere un atto mirante alla distruzione di alcuno dei diritti e delle libertà in essa enunciati.

Quando i diritti umani decadono

Libertà ed uguaglianza costituiscono le basi dei diritti umani fondamentali dichiarati dall'ONU nel 1948.

Ma questa libertà non è mai da considerarsi totale.
Come viene espresso nell'articolo 29 dei diritti umani, la libertà individuale è sempre limitata alla non interferenza di quella di tutti gli altri individui.
Nessuno ha il diritto di interferire sulla libertà degli altri.
Nemmeno le autorità, chiaramente.
Nessuno ha il diritto di interferire sul libero arbitrio altrui.
La libertà individuale finisce dove comincia quella degli altri.

I diritti umani quindi decadono ogni qualvolta un individuo non rispetta quelli altrui.

Fintanto che tutti gli individui liberi rispettano la libertà altrui, i diritti umani rimangono sempre validi, ma nel momento in cui qualcuno ostacola la libertà altrui per mancanza di rispetto del convivere armonioso nell'uguaglianza fraterna, commette un reato e va immediatamente fermato.
Il diritto alla libertà così decade, almeno parzialmente e per un certo lasso di tempo.
Il carcere e le comunità di recupero diventano il luogo dove i criminali vanno introdotti per essere aiutati a comprendere dove sbagliano.

Ricordiamoci sempre che l'articolo 1 dei diritti umani vale per tutti, autorità comprese.

Punire o rieducare?

La punizione o sanzione deve essere espressa unicamente allo scopo della rieducazione, non utilizzata come una tortura perché è disumano. Inoltre la tortura è vietata dai diritti umani.

Una punizione non può essere nemmeno troppo onerosa perché dovrebbe servire unicamente a permettere agli individui di prendersi responsabilità di ciò che hanno sbagliato e di riparare ai danni fatti.

La rieducazione non dovrebbe mai essere intesa come punizione. E non si tratta proprio di "rieducazione", ma di "educazione che non è mai stata fatta".

Inoltre, dovrebbe essere vietato dare sanzioni senza alcun tipo di insegnamento.

E non dovrebbe mai esserci alcuna punizione o sanzione dove non c'è stato danno alcuno.

Facciamo l'esempio del codice della strada riguardo alla velocità di un veicolo. Essa non dovrebbe mai essere motivo di sanzione senza che questa abbia causato problemi a qualcuno o qualcosa.

Le autorità utilizzano sempre la punizione come metodo per mantenere sottomessi tutti gli altri cittadini e per mantenere e consolidare il proprio potere. Esse non rispettano alcun diritto umano, evidentemente.

Riparare sempre i danni fatti

Ogni persona che commette un reato o un'ingiustizia nei confronti degli altri o dell'ambiente dovrebbe sempre essere messa nella condizione di rimediare subito a ciò che ha fatto.
Dovrebbe restituire nel modo più equo possibile ciò che ha tolto ad altri.

Facciamo degli esempi.

Nel caso di un danno ambientale, dovrebbe ripararlo nel modo più giusto e naturale possibile evitando di fare altri danni, portando soltanto benessere all'ambiente che ha danneggiato in maniera equivalente al danno fatto.
Se ha fatto morire migliaia di piante a causa di avvelenamento del territorio, dovrà permettere il rifiorire di migliaia di piante nello stesso territorio o possibilmente il più vicino possibile, come in zona limitrofa.

Nel caso di qualcuno che abbia tolto o rubato qualcosa ad altri, dovrebbe restituire tale cosa con gli interessi, senza fare sconti a se stesso, ma piuttosto il contrario, ad esempio dimostrando di riparare al torto restituendo più di ciò che ha tolto, soprattutto se ha causato perdite di tempo e di serenità alle persone coinvolte.

Se qualcuno ha ucciso una persona ovviamente non potrà riportarla in vita, ma dovrebbe almeno provare a portare sollievo a chi soffre per questa perdita con azioni che lo favoriscano.
Potrebbe aiutare le persone che erano vicine alla persona uccisa.
La stessa cosa se si hanno ucciso animali o piante che hanno causato sofferenza a qualcuno.

Anche e soprattutto nei casi di abuso di potere, è necessario che il colpevole ponga subito rimedio ai danni fatti per permettere alla propria coscienza di riscattarsi e di poter di nuovo tornare pulita e ridare così a se stessa ed al proprio ambiente un po' di serenità persa.

Ogni volta che le persone non rimediano ai danni fatti a qualcosa o qualcuno, la loro coscienza rimane sepolta e continueranno a ripetere gli stessi sbagli.

Solamente le coscienze che rimediano a tutti i danni fatti possono continuare a convivere con gli altri serenamente.

Per questo motivo è fondamentale che venga rispettato sempre questo dovere, soprattutto se il danno è stato fatto da un'autorità, perché le autorità hanno maggior peso nella società rispetto a chi non ne ha.

Giù le mani dai bambini!

I diritti umani valgono anche per i bambini?

Sembrerebbe di no.

L'articolo 26 afferma che sono i genitori ad avere il diritto di scegliere lo studio che dovrebbero fare i propri figli.
Lo stesso articolo 26 dichiara persino che lo studio elementare debba essere "obbligatorio"!

Ma siamo certi che togliere i diritti ad un uomo, solamente perché considerato troppo giovane, sia corretto?

Rendere obbligatorio qualcosa, può rispettare il diritto individuale di libertà ed uguaglianza dichiarato nell'articolo uno?
Se un uomo è molto giovane non dovrebbe avere nessun diritto?
E ancora, vi sembra veramente corretto passare da zero diritti a tutti i diritti da un giorno all'altro, al compimento dei 18 anni?

Diciamo la verità: l'articolo 26 dei diritti umani dichiarati dall'ONU nel 1948 ha qualche defezione, piuttosto grossa.
Ha tralasciato completamente i diritti dei bambini e degli uomini giovani!
Perché un uomo di 18 anni meno un giorno è comunque un uomo, anche se giovane.

Se nascono tutti liberi ed uguali, perché i bambini ed i ragazzi sotto i 18 anni non dovrebbero esserlo?
"Nascere libero" significa che si dovrebbe già esseri liberi appena nati, giusto?
Dunque, questo articolo 26 è davvero una piaga in quella dichiarazione del 1948!
Per quale motivo lo studio elementare dovrebbe essere "obbligatorio" senza rispettare il diritto di libertà individuale dei

giovani?

Lo studio è certamente importante, fondamentale, così com'è importante che le persone, bambini compresi, non vengano manipolate mentalmente e non vengano obbligate a fare ciò che non vogliono.

Lo studio deve essere facilitato, favorito, ma non può essere obbligatorio. Nemmeno quello elementare.

Obbligare lo studio elementare va contro al diritto umano di libertà, di libera scelta individuale.

Un genitore ha davvero il diritto di decidere per i propri figli?
E fino a che punto?
I figli sono da considerare totalmente incapaci di intendere e di volere fino ad una certa età? Quale età? 18 anni?

Anche qui, è chiaro che l'articolo 26 non rispetta l'articolo 1.

Quando si parla di individui con gli stessi diritti è implicito che si intenda anche per i bambini.

I bambini hanno una propria coscienza, anche se in fase di sviluppo.

Inoltre, questa coscienza individuale si sviluppa a diverse età ed in maniera diversa per ogni bambino.

Per questo motivo, **non è accettabile mettere un limite di età per qualsiasi cosa.**

L'età in cui un bambino può comprendere qualcosa può variare moltissimo da un bambino ad un altro.

E nel dubbio, cosa dovremmo fare? Dovremmo togliere i diritti a tutti i bambini indistintamente finché non abbiano compiuto 18 anni?

No. È terribilmente sbagliato!

I bambini sono da considerare individui come tutti gli altri.

I bambini vanno valorizzati esattamente come gli uomini adulti, ognuno per ciò che ha già compreso.

Quando un bambino è in grado di decidere per se stesso è giusto che lo faccia lui, non i genitori od altri.
Non deve, non può esistere alcun limite di età perché i bambini non sono tutti uguali nell'apprendimento.
È possibile invece mettere un'età consigliata, come già fanno per i giochi.
Mettere un'età consigliata non va contro il libero arbitrio.
I genitori hanno il dovere morale di rispettare le scelte dei propri figli dal momento che i figli sono in grado di fare delle scelte per sé stessi.
E questo può succedere già a 15 anni ma anchee a 10 anni o anche a 5 anni per determinate scelte. Mai porre dei limiti ingiusti.
Un bambino deve avere il diritto di scegliere i propri insegnanti anche a 2 anni. Perché a 2 anni un bambino prova già sentimenti e sa già con chi vuole stare e con chi no, almeno in parte.
Quello che il bambino vorrebbe studiare, può già sceglierlo da solo, esattamente come sceglie i propri giochi preferiti.

Allora:
Giù le mani dai bambini!
Anch'essi hanno il diritto di scegliere la propria vita.

Quello che causa il mancato rispetto dei bambini nei propri diritti umani lo potete vedere ogni giorno nelle notizie dei vari notiziari. Ribellioni. Violenza. Droga.
Quando ne parlano in TV sembra che nessuno abbia ancora capito quale sia la vera causa della violenza giovanile e vorrebbero attribuirla semplicemente a loro stessi!
Dovrebbero invece cominciare a permettere loro il proprio libero arbitrio, cosa che evidentemente non fanno.
Non potete credere che un individuo possa essere manipolabile e schiavizzabile per 18 lunghissimi anni (i primi anni sono sempre percepiti molto più lunghi di quelli successivi), ritenuto troppo "piccolo" e incapace di decidere alcunché per sé stesso e poi, di punto in bianco, diventi totalmente libero e capace, considerato finalmente "umano" e "libero"a tutti gli effetti...
Da un giorno all'altro... Dopo 18 anni di vessazioni continue???

Quei 18 lunghi anni passati a subire manipolazioni mentali, angherie, frustrazioni, angosce, capricci, cattiverie, ingiustizie, botte, ecc., ecc. sia dai genitori che dagli altri adulti che dovrebbero proteggerli, lasciano sempre un segno profondo nelle loro mente e personalità.

Un bambino nasce sempre con una mente fragile e rimarrà fragile sinché non gli verranno riconosciuti i propri diritti di vivere la propria vita come meglio crede.

Proprio per questo andrebbe seguito e guidato fin dai primissimi anni di vita alle proprie scelte individuali, mettendolo sempre nella condizione di diventare auto-determinato ed autonomo il prima possibile.

Ogni bambino deve essere messo il prima possibile in grado di comprendere ciò che è buono per sé e ciò che non lo è, senza che i genitori debbano per forza interferire sempre e continuamente nel suo libero arbitrio.

I genitori o chi si prende cura dei bambini, non devono sempre decidere per loro, ma dovrebbero farlo solo quando necessita la loro scelta; quando invece è possibile portare il bambino a scegliere da solo per sé, è giusto che sia lui a farlo.

Togliere i figli ai genitori è anch'essa una scelta che dovrebbe essere lasciata ai figli, anche se piccoli.

Troppo spesso i tribunali hanno distrutto la vita a bambini e loro madri soltanto perché un giudice ha deciso di separarli.

Non deve mai essere un giudice a rompere un legame famigliare quando i componenti della famiglia non lo desiderano.

Ciò non rispetta i diritti umani al punto 1, al punto 12 ed al punto 25.

Ancora una volta, siamo di fronte a situazioni e leggi ingiuste applicate in malo modo che non tengono conto dei diritti umani.

Sottolineiamo ancora una volta che quando un bambino non viene rispettato nei suoi diritti umani si producono potenziali criminali.

Se abbiamo criminali adolescenti o adulti significa che da bambini non sono stati rispettati.

Sistemi piramidali

I sistemi piramidali sono presenti in ogni ambito sociale: politico, giuridico, militare, scolastico, scientifico, economico, commerciale, massonico, sanitario, clericale, satanista, ecc.

Tutti questi sistemi, indistintamente, annullano i diritti e la volontà di quelli che stanno un gradino o più al di sotto, magari nascostamente, ma lo fanno sempre.

Sono sempre i vertici del potere i primi a non rispettare i diritti umani. Qualunque vertice di potere.

Questi vertici sono onnipotenti nel loro ambito, nessuno può fermarli. Del resto, le piramidi di potere sono state create apposta per impedire sempre che chi sta in basso possa ribellarsi: è il sistema di potere più collaudato e funzionale che sia mai esistito nella storia e che viene copiato e ripetuto ovunque, da millenni.

In alto, sulla punta della piramide di potere mondiale, c'è il vertice di ogni piramide, composto da un singolo o pochi singoli che decidono tutto al di sopra di tutti gli altri, al di sopra della legge, al di sopra degli organi giudiziari, al di sopra della polizia e delle forze militari che servono a mantenere il controllo della manovalanza e che si trovano poco sopra al popolo nella stessa grande piramide del potere mondiale.

All'interno delle polizie e degli eserciti c'è un proprio sistema piramidale dove viene premiato chi esegue gli ordini senza commentare. Mentre invece, chi osa discutere troppo gli ordini viene bloccato nella scalata al potere o addirittura declassato.

Viene premiato sempre il burattino senza umanità, non chi possiede una coscienza propria e che si ribella di fronte alle ingiustizie.

Questo aspetto del "non discutere troppo gli ordini", se osservate bene, succede sempre anche nei vari luoghi di lavoro, nelle imprese, nelle aziende, nelle industrie ed a maggior ragione nelle grandi multinazionali... in ogni ambito lavorativo, nonostante tutte le leggi contro il mobbing, il bossing, lo straining e lo sfruttamento, nonostante le leggi sui diritti umani e la libertà di parola, nonostante tutti i sindacati, tutte le manifestazioni, tutti gli scioperi fatti, le continue proteste, ecc.

Vengono sempre premiati quelli che non discutono gli ordini. I robot biologici. Non a caso.

Altro che meritocrazia! La meritocrazia sì, esiste in funzione di quanto tu, come robot senza coscienza ed umanità, sai eseguire bene gli ordini che arrivano dall'alto senza obiezioni!
...Una vergogna!
Non per niente le persone più sensibili ed oneste sono sempre nei piani bassi dei sistemi piramidali...

In sostanza, è chi detiene il potere dall'alto dei sistemi piramidali il primo che non rispetta e non fa rispettare i diritti umani.
Inoltre sono sempre i vertici i maggiori colpevoli di tutti i disastri e crimini che possono succedere nei piani bassi, ma essendo in cima alla piramide del potere possono fare ciò che vogliono (scaricare sempre le colpe su altri) senza poter essere fermati dai propri sudditi, proprio perché il sistema piramidale protegge la cima e non viceversa!

Ecco perché bisogna assolutamente impedire qualunque tipo di sistema piramidale!
Persino nelle organizzazioni "pacifiche", come possono essere quelle che traggono profitti dalla vendita di prodotti per la salute o dalla vendita di corsi per il benessere psico-fisico, utilizzano sistemi piramidali di "premiazione" di chi porta clienti verso i vertici della piramide e non accettano troppe discussioni da parte dei "sudditi".
Tutto funziona solo in base ai profitti.
Questa è una distruzione spirituale, anche nel caso in cui talune organizzazioni dichiarino di favorire la crescita spirituale con il loro sistema piramidale... Balle!

Nessun sistema piramidale ha mai favorito una reale crescita dal punto di vista spirituale, ma solo dal punto di vista economico!

Il mobbing, il bossing, lo straining e la manipolazione mentale, ovvero i ricatti e le minacce, sono sempre usati nei sistemi piramidali, anche se subdolamente... Perché i sistemi piramidali funzionano così. Sono fatti apposta così, onde evitare che chi sta in basso possa fermare il potere di chi sta al vertice.

Quindi, in ogni sistema piramidale ci troviamo ancora in una sorta di monarchia, anche quando dichiarano di essere un sistema democratico.
In verità non ci può mai essere una vera democrazia quando qualcuno è al di sopra degli altri individui.
Anche quando i singoli votano i propri vertici democraticamente, gli stessi vertici creano automaticamente una sorta di sistema piramidale per favorire se stessi ed il proprio dominio... Perché l'ego funziona in questo modo.
E qui sta l'inganno! L'errore che ripetono sempre, di continuo...
Ogni nuovo sistema piramidale porta avanti qualcosa di già visto, già vissuto migliaia di volte, sempre molto simile ad una monarchia anche se sotto la parola "democrazia".

Lo sapete che una vera democrazia non è mai esistita?

Ogni Democrazia che permette i sistemi piramidali finisce sempre per diventare un'oligarchia o peggio, una monarchia.

Quindi una Repubblica è un'oligarchia, o comunque qualcosa di molto simile alla monarchia.

Non c'è vera libertà e vera uguaglianza quando esiste una casta al di sopra di altri cittadini. La casta dei potenti, quelli ai vertici piramidali di ogni istituzione od organizzazione che sia, detiene il potere e lo utilizza per mantenerlo, sottomettendo tutti gli altri.

I sistemi piramidali dei vari Paesi del mondo, come le Repubbliche e le false democrazie, sono tutti fuori legge e vanno abrogati immediatamente, a cominciare da quelli massonici e segreti che sono i più subdoli e dannosi.

Sono quelli che detengono il potere, anche se nascostamente.

Comprese tutte le polizie segrete e servizi segreti di ogni genere.

Questi organismi, occulti persino alla maggior parte dei politici e dei poliziotti, essendo totalmente nascosti possono e fanno ciò che vogliono. Sono gestiti da chi detiene davvero il potere e non vorrà assolutamente perderlo assecondando i diritti umani.

Per loro, i diritti umani non esistono proprio. E non ci vuole molto a capirlo. Altrimenti come si spiegherebbe tutto ciò che accade? Come si spiegherebbe che a parole fanno tutto in favore dei diritti umani, mentre nei fatti è tutto il contrario?

Chi detiene il potere di nascosto non accetterà mai di mettersi al livello degli altri individui, a meno che gli individui sottostanti lo costringano a scendere dal piedistallo.

Chi sta al potere si crede superiore. Crede di essersi meritato la posizione/poltrona che occupa abusivamente. Non accetterà mai di lasciare liberi gli individui sottomessi, a meno che questi si ribellino in massa per far crollare la piramide di potere.

Il vertice di ogni piramide farà di tutto per mantenere sempre il proprio potere e controllo sui sottoposti attraverso ogni tecnologia di controllo delle masse e gli organismi sottostanti che funzionano anch'essi con sistemi piramidali collaudati.

Tutti i sistemi piramidali sono stati creati per mantenere il potere e sottomettere tutti gli altri individui, nessuno escluso.

I sistemi piramidali massonici o segreti nascondono ai loro vertici anche gli orrori peggiori, come quelli dei sacrifici umani, sacrifici di bambini scomparsi, mutilazioni e prelievi vari a corpi vivi, uccisi nei modi più atroci, oltre che a sperimentazioni varie sul controllo mentale attraverso l'incoscienza con l'utilizzo di droghe e rituali vari, dolore e paura. Inoltre vengono utilizzate tecnologie avanzate, per il controllo mentale, sia con l'utilizzo della comunicazione verbale, ma anche con apparecchi elettronici sofisticatissimi tanto quanto sono tenuti nascosti alle masse... Tutto ciò per indurre le persone ignare del popolo a fare determinate cose, oppure per causare loro incidenti mortali o malattie mortali nel caso in cui tali persone siano diventate troppo fastidiose per i vertici di potere.

Inoltre commettono violenze sessuali indicibili, ricatti, minacce di morte anche verso i propri famigliari, estorsioni, omicidi fatti registrare come "suicidi" od "incidenti", oppure, in alcuni casi le loro vittime vengono dichiarate morte per altre cause (e qui mi viene in mente quello che fanno negli ospedali, dove ci sono sistemi piramidali che nascondono le vere cause di molte morti).

Non è un caso se tra i libri più venduti on-line troviamo sempre quelli che spiegano le tecniche per il controllo mentale, ovvero le tecniche di manipolazione mentale che interferiscono il libero arbitrio altrui!

Questa è una vergogna, dovrebbero censurare questi libri e processare chi commette questi crimini, così come dovrebbero fermare tutte le pubblicità indesiderate, le pubblicità occulte ed ingannevoli che alterano il potere di giudizio delle persone ignare... Qui di diritti umani non se ne vede proprio traccia...

Chi ha più potere sugli altri, nel momento che lo accetta è già corrotto nell'animo perché ritiene gli altri al di sotto di sé e li prevarica sempre quando lo ritiene necessario.

Questo lo si può vedere bene già nei semplici organi di polizia, per non parlare dei vari politici o presidenti o amministratori di qualunque società o gruppo. Lo si può vedere in ogni ambito lavorativo.

Se così non fosse, nessuno accetterebbe di essere privilegiato e molti titoli messi davanti al nome non esisterebbero nemmeno.

Le persone più oneste alla fine vengono sempre emarginate o tolte di mezzo dai più corrotti che salgono al potere e non si fanno scrupoli ad eliminarle in qualunque modo.

Dando più potere ad alcuni sugli altri, alla fine saranno sempre i disonesti ad avere la meglio sugli onesti.

In una società prevalentemente corrotta, quelli onesti sono in netta minoranza e non viene mai data loro la possibilità di resistere a lungo. Vengono sempre emarginati, umiliati, annullati in ogni modo... E dove sarebbero quei famosi "diritti umani"?

Alla fine rimangono sempre i più corrotti ai vertici.

Ecco perché tutti i vertici vanno appiattiti, nel rispetto dei diritti umani.

Com'è la vita di chi cerca potere sugli altri?
È una vita frenetica, passata alla rincorsa di una qualunque posizione iniziale di potere, in qualunque piramide iniziale, poi alla continua corsa per il proseguimento della carriera capitalistica verso i vertici della piramide mondiale di potere, la piramide che racchiude ed utilizza tutte le altre.
C'è sempre di mezzo il capitalismo, i soldi. Il dio denaro.

Ricapitolando: ogni sistema piramidale è contrario ai diritti umani.
I sistemi piramidali sono sempre stati usati per schiavizzare le persone e renderle degli oggetti nelle mani di chi sta al vertice, ovvero chi ha il potere su tutti gli altri.
Non crediate a qualunque giustificazione o fandonia che possano raccontarvi per nascondere la verità che sta sotto ai vostri occhi!

Tutte le Belle Giustificazioni, come:

"È per il nostro bene"
"Il popolo va governato"
"Chi ci governa, ci rispetta"
"Il popolo deve sottostare alla legge"
"Ai vertici ci sono personaggi meritevoli"
"Senza un leader, diventerebbe un far-west"

E le Bugie come:

"La legge è uguale per tutti"

... Sono inutili.

Pertanto, tutti questi sistemi di controllo vanno immediatamente fermati e dichiarati fuori legge.

L'inutilità dell'ONU

I diritti umani dichiarati nel 1948 sono rimasti solo sulla carta.

Tutte le Repubbliche che hanno firmato la dichiarazione dell'ONU avrebbero dovuto immediatamente riscrivere la propria Costituzione perché viola il diritto di uguaglianza nel momento in cui essa dà potere alle proprie autorità, ovvero mette alcune persone al di sopra rispetto ad altre con una serie di privilegi.
Qualunque autorità, scavalcando le libertà individuali degli altri individui, non permette la loro libertà e nemmeno uno spirito fraterno ma anzi, all'opposto, crea barriere che a loro volta causano schiavismo e violenza.
Non era questo lo scopo dell'ONU.
Lo scopo dichiarato era esattamente l'opposto: creare un mondo di Pace.
Ma senza uguaglianza tra i cittadini non ci sarà mai una pace duratura. Al massimo potrà esserci una falsa pace di facciata.
Ma per quanto tempo?

Dopo quella bellissima dichiarazione universale dei diritti umani, è rimasto tutto come prima... Ma sembra che nessuno se ne sia accorto!
Hanno sì, continuato a parlarne, a ricordare e fingere di applicare sempre questi importantissimi diritti, ma evidentemente c'è sempre stato qualcosa che non quadrava, perché non li hanno mai applicati veramente fino in fondo! E se non vengono applicati fino in fondo significa che non sono applicati affatto!

Nessuno ha mai cambiato le regole di chi era già al potere ingiustamente, così il potere è rimasto sempre lo stesso anche dopo questa dichiarazione.

L'ONU oggi porta il suo "messaggio di pace" attraverso uomini armati in missioni militari.

E qui ci sta il paradosso.

Per far rispettare i diritti umani occorre usare la forza?

Per portare la pace nel mondo servono truppe militari armate?

Sembra che all'ONU la pensino così.

Violano i loro stessi princìpi.

Dimostrano di non aver capito niente di quello che hanno dichiarato. E soprattutto non lo sanno applicare.

Il potere contro i diritti umani

Ai nostri giorni, troppo spesso vediamo le nostre istituzioni che difendono i diritti dei criminali e "dimenticano" di difendere gli onesti... Come mai?

Perché è in atto un potere subdolo, quello che comincia dalla manipolazione mentale di ogni individuo della società.

È il potere dei vertici delle istituzioni mondiali, che vuole la distruzione della vera libertà individuale (libero arbitrio) in nome del "progresso scientifico".

Il potere mette sempre le autorità o "la legge" davanti ai singoli, per poterli gestire come gli pare e piace.

La "legge" la fanno poi loro, naturalmente, applicandola nel modo e nei tempi che più gli fa comodo. Si, loro dicono che la applicano sempre allo stesso modo e nei confronti di tutti...
Ma voi gli credete?

Il potere è sempre solo in funzione di se stesso.

Non può esistere vera democrazia quando esiste un potere al di sopra degli altri.

In verità è in atto, ovunque, una dittatura che detiene il potere e non vuole perderlo, in sostanza. E per fare ciò deve per forza di cose distruggere i valori morali dei diritti umani tanto decantati sia dall'ONU, che dalla UE, che dalla Costituzione, mai applicati realmente in nessun Paese del mondo.

Il libero arbitrio dei singoli, inteso come libertà individuale di ogni singolo individuo, dovrebbe sempre essere rispettato, anche e soprattutto dalle istituzioni.

Ricordiamo che l'articolo 2 dei diritti umani afferma che:

"Ad ogni individuo spettano tutti i diritti e tutte le libertà enunciate nella presente Dichiarazione, senza distinzione

alcuna..." *"Nessuna distinzione sarà inoltre stabilita sulla base dello statuto politico, giuridico o internazionale del paese...".*
In altre parole, nessuna autorità o legge può scavalcare la libertà dei singoli finché essa non vìoli quella altrui. Chiaro il concetto?

Mentre l'articolo 21 dei diritti umani afferma che: *"La volontà popolare è il fondamento dell'autorità del governo"*, ovvero:
le istituzioni devono esercitare unicamente il volere del popolo senza alcun tipo di prevaricazione.
Eppure... ciò non è mai successo!

Le istituzioni scavalcano sempre le libertà individuali sotto il nome della "legge" o della "scienza" o della "sicurezza pubblica" o degli "organi giudiziari", ecc., ecc... e così annullano sempre ogni possibilità dei singoli individui di poter essere veramente liberi.
Sono sempre le persone che assumono potere attraverso gli incarichi pubblici a decidere per tutti gli altri.
Queste persone diventano così gli unici artefici della vita in comune, trasformandosi in veri dittatori.

Siamo tutti schiavi della dittatura messa in atto dalle autorità.

Tutto questo non è conforme ai diritti umani.
Bisogna prenderne atto.

Nel momento che qualcuno scavalca la libertà altrui commette un reato e diventa sanzionabile o punibile, mentre i propri diritti di libertà vengono automaticamente limitati per tutta la durata della punizione. Ciò va inteso anche per qualunque autorità e qualunque istituzione.
Nessuno dovrebbe mai essere al di sopra di tutti gli altri.

Tutti i governi mondiali e tutti gli organi di potere sono dunque fuori legge e vanno fermati.
Questi individui sono anche tenuti a rimborsare le persone danneggiate di tasca propria, non con i soldi pubblici.
Il karma non perdona nessuno, non potranno fuggire in eterno.

Non può esistere un'autorità o un'istituzione al di sopra del popolo e di tutti gli altri individui, secondo i diritti umani.

Persino l'ONU è composta da individui che hanno privilegi sugli altri e che per mantenerli calpestano quindi i diritti umani.
E così l'ONU, che sarebbe l'organismo che dovrebbe far applicare i diritti umani, non ha mai fatto niente di concreto per farli applicare, anche se continuano a dichiarare il contrario.
... Anche se ripetono continuamente che: "siamo in democrazia" e che i diritti umani li fanno rispettare e vengono rispettati, ecc... nei fatti sappiamo che non è così.

Sarebbe ora che lo facciamo veramente.

Nessuno sopra gli altri

I diritti umani, in particolare al punto uno, vengono sistematicamente disattesi nel momento in cui ad alcuni individui viene dato maggior potere rispetto ad altri.

Il principio fondamentale di uguaglianza, come quello di libertà individuale, non è applicabile quando qualcuno possiede privilegi o poteri speciali su tutti gli altri.

Questo punto è fondamentale per comprendere l'errore che è sempre stato fatto da tutte quelle dittature in atto chiamate "democrazie", fino ad oggi.

Le cariche dello Stato, gli organi giudiziari, quelli di polizia e di altro genere utilizzano sempre dei privilegi per imporsi sugli altri. Abbiamo già visto come ciò sia dannoso per tutti, inaccettabile.

Lo stesso discorso vale anche quando alcuni diventano molto più ricchi di altri.

Per tutti questi motivi è indispensabile che gli stipendi rimangano livellati con tutti gli individui della società e che nessun privilegio o potere aggiuntivo sia permesso ad alcuno.

Nessun presidente, giudice, ministro, poliziotto, dottore od altro funzionario dovrebbe poter mai prevaricare gli altri utilizzando a sproposito la propria autorità e ricchezza materiale.

Ogni autorità limita i diritti di tutti gli altri, sottomettendoli.

Il popolo diventa complice nel momento che permette tutte queste disuguaglianze, permettendo così di essere prevaricato e sottomesso, vedendo annullati tutti i diritti dei singoli.

Le autorità vanno sempre contro i diritti umani.

Nessuna autorità deve essere più consentita.

Tutti devono avere una posizione al pari degli altri
per poter mantenere i diritti di tutti.

Nessun vertice di potere è ammesso dai diritti umani.

Nessuna autorità è necessaria quando c'è una vera
convivenza civile, armoniosa e nel rispetto reciproco.

Nessun sindacato è davvero necessario
quando i diritti umani vengono rispettati.

Convivere senza autorità

Nessuno ha il diritto di interferire sulla libertà degli altri, nemmeno le autorità.

Anzi, soprattutto le autorità, perché sono le prime che dovrebbero rispettare i diritti umani di tutti i cittadini.

Le autorità non dovrebbero mai avere un potere maggiore rispetto agli altri cittadini.

Ma purtroppo, fino ad oggi, lo abbiamo sempre permesso, ed i risultati sono sotto gli occhi di tutti.

I diritti umani non consentono ad alcun individuo di scavalcare gli altri utilizzando una qualsivoglia autorità.

La libertà e i diritti *devono* rimanere sempre uguali per tutti.

Il compito delle autorità dovrebbe essere unicamente quello di eseguire semplicemente il volere del popolo.

Per ottenere ciò bisogna evitare che qualunque autorità diventi un ruolo lavorativo fisso.

Le autorità dovrebbero essere composte dagli stessi cittadini onesti che lavorano e producono qualcosa di utile e che, di volta in volta e a turno, vengono incaricati di portare a compimento un compito stabilito democraticamente dal popolo.

Ancora meglio sarebbe se ogni compito o scelta del popolo venga messo in atto senza il bisogno di alcuna autorità.

Nessuna autorità è davvero necessaria.

In un Paese civile e democratico come una Repubblica, il popolo dovrebbe convivere armoniosamente senza il bisogno di alcuna autorità.

Quando c'è rispetto reciproco non serve alcun tipo di autorità.

Quando ognuno fa il proprio dovere e lo fa nel migliore dei modi non è necessario che qualcun altro debba tenerlo sotto controllo o minaccia costante.

Le autorità non servono qualora si volesse applicare appieno i diritti umani. Anzi, sono sempre state un ostacolo.

Le autorità siamo noi.

La nostra Costituzione cosa dice? Che il popolo è sovrano.
Tutto il resto va cancellato perché fuori legge, come vedremo nei prossimi capitoli.

Noi "normali cittadini" siamo la nostra autorità, senza desiderio di prevaricare gli altri con qualche sotterfugio o inganno inserito nella "democrazia" o nella "repubblica".
Siamo innanzitutto Autorità di noi stessi e sinergicamente collaboriamo per essere assieme tutte le nostre autorità, allo stesso livello.

Sempre allo stesso livello. Nessuno sopra gli altri.

I diritti umani *esigono* l'uguaglianza, altrimenti tutto è perduto.

Senza uguaglianza ci saranno sempre padroni e schiavi.

Distribuire equamente le ricchezze

I diritti umani universali di libertà, uguaglianza e fraternità non permettono la ricchezza sproporzionata di alcuni individui rispetto agli altri.

D'ora in poi, tutte le ricchezze del mondo dovranno essere distribuite equamente nei propri territori.

Ogni ricchezza deve essere distribuita equamente.

Gli individui di ogni comunità, per poter convivere pacificamente in fratellanza, devono sempre rimanere allo stesso livello di possedimenti materiali e di stipendio.

Nessuno ha il diritto di arricchirsi molto rispetto a chi gli sta intorno. Deve sempre essere stabilito un limite oltre il quale ogni guadagno aggiuntivo deve essere condiviso con i colleghi ed a cascata, con i compaesani.

Il limite ragionevole è stabilito nel doppio rispetto al più povero.

In ogni comunità democratica e funzionale non ci dovrebbe essere mai qualcuno che guadagni o possieda più del doppio del più povero.

Il processo immediato

Come già appurato, nel momento che qualsiasi individuo della società intralci i diritti altrui, a cominciare dal diritto di libertà individuale, il diritto al libero arbitrio di ognuno, automaticamente perde i propri diritti.
Ma cosa significa questo?
Significa che va fermato immediatamente senza alcuna esitazione, senza ombra di dubbio!
Il sequestro di persona, in tale caso, è giusto e doveroso.
Sarebbe invece scorretto lasciare un criminale libero e si diventerebbe automaticamente complici di tutto quello che il criminale potrà fare da quel momento in poi.

Per cui:
Ogni criminale va fermato subito dai presenti.

Non è accettabile lasciare liberi i criminali per "sostenere i loro diritti". Chi lo fa è un criminale a sua volta e va fermato immediatamente, a sua volta.
Di questi personaggi ne troviamo purtroppo moltissimi ai vertici della società di oggi. Impuniti, inattaccabili...
(Ma no che non sono inattaccabili! Nessuno lo è davvero. Quando il popolo si ribella alle ingiustizie, può fermare chiunque, anche i magistrati più protetti e corrotti.)

Ognuno deve fare la propria parte
in una società civile che funzioni.

Qualsiasi criminale, nel momento che viene sorpreso nel compiere un gesto dannoso nei confronti di qualcosa o qualcuno, perde immediatamente i propri diritti e va subito fermato da chiunque sia presente in quel momento e possa adempiere al compito.

È vero che esiste anche il diritto ad un processo equo, ma non è accettabile che un criminale sia lasciato libero nel frattempo perché sarebbe una violazione del diritto alla sicurezza dei cittadini. Annullerebbe i diritti degli altri.

Il criminale va subito arrestato e subito portato a processo entro un tempo ragionevole, ovvero il giorno stesso o comunque le 24 ore successive.

I criminali vanno fermati e processati immediatamente.

Il criminale potrebbe anche essere processato immediatamente dalle persone presenti, le quali in pochi minuti potrebbero compilare e firmare una dichiarazione del processo compiuto che attesti i fatti. Dopodiché potrà essere trasferito in un luogo dove sarà educato per un pronto recupero. Tale contesto potrebbe essere una seconda possibilità per un eventuale processo immediato o per un ricorso.

Non è corretto nemmeno lasciare criminali liberi ad aspettare mesi o anni per attendere un processo. Tanto quanto non è corretto mantenere persone oneste in arresto e sotto processo per molti mesi od anni senza alcuna prova di qualsiasi loro crimine.

I processi vanno fatti subito, dai presenti oppure subito dopo il loro arresto immediato, all'arrivo nel luogo di riabilitazione morale.

Il ruolo di giudice dovrebbe essere assunto dagli stessi cittadini presenti durante il fatto. Il difensore del presunto colpevole potrebbe farlo sempre uno dei presenti, oppure se stesso.

Non dovrebbe mai essere considerata necessaria la presenza di un avvocato, anche perché ciò che serve per applicare la legge è molto semplice:

Occorre soltanto conoscere ed applicare i diritti umani.
Fondamentalmente, non serve altro.

Il 99% delle leggi mantenute in vigore oggi sono in realtà invalide perché non rispettano la legge primaria dei diritti umani ed andrebbero immediatamente cancellate.

Tutti i cittadini dovrebbero conoscere ed applicare equamente sempre e soltanto i diritti umani, non le leggi che li calpestano.

Annulliamo tutti i tempi morti che trasformano ogni tipo di "giustizia" in ingiustizia.

I compiti della polizia, dei giudici, dei magistrati e degli avvocati dovrebbero essere sempre compiuti dalle persone presenti, in una società civile dove esista una vera libertà ed uguaglianza.
In una società equa e fraterna non sarà mai necessario alcun organo di polizia o giudiziario al di sopra di tutti gli altri.
Liberiamoci da questo fardello inutile e dannoso.

... Migliaia di leggi inutili, inapplicate o applicate in malo modo. Basta! Non se ne può più.

Successivamente all'immediato arresto e processo, il criminale trasportato nel luogo della propria rieducazione avrà comunque diritto ad un nuovo processo se dovesse presentare una qualsiasi prova di non aver commesso il fatto.
Tale processo dovrà essere compiuto entro 2 giorni, in modo tale che anche con un successivo ricorso il tutto si possa comunque risolvere in 5 giorni al massimo.
Non può essere accettato un tempo più lungo per alcun tipo di processo umano.
Sarebbe la rovina per chiunque dovesse subire un trattamento simile, alla pari della tortura e dello schiavismo.

Nessun procedimento giudiziario deve durare più di 5 giorni.

È disumano e contro tutti i diritti allungare i tempi dei processi.

La "giustizia" che abbiamo sempre avuto fino ad oggi *non* è vera giustizia.

Fino ad oggi, la "giustizia" non ha mai rispettato i diritti umani perché dei tempi troppo lunghi rovinano completamente la vita delle famiglie delle persone interessate, sia dalla parte lesa che dall'altra.

I metodi ed i tempi della giustizia di oggi sono totalmente sbagliati ed inaccettabili anche per gli stessi giudici ed avvocati.

Ribadiamo che tutte le leggi emanate ingiustamente e mantenute in vigore attualmente dall'ignoranza degli ogani giudicanti, decadono nel momento che non rispettano i diritti umani.

Quindi non hanno alcun valore, non sono valide.

Inutile perdere anni di vita a studiare tante leggi che non rispettano i diritti umani.

Inutile creare organi di giudizio che con la loro indipendenza diventano a tutti gli effetti organi criminali che non rispettano in alcun modo i diritti umani.

Tutti gli organi giudiziari vanno abrogati.

I giudici devono poter essere tutte le persone del popolo in egual misura, indistintamente.

Sarebbe sufficiente soltanto che ogni singolo individuo della società conoscesse i diritti umani dichiarati dall'ONU e li applicasse per permettere la vera giustizia che altrimenti non sarebbe mai possibile, come è sempre successo fino ad ora, purtroppo.

Applicando davvero i diritti umani della dichiarazione dell'ONU, in particolare al punto 1 e 2, tutte le altre leggi e regole diventano scontate o superflue o addirittura contrarie agli stessi diritti, tranne forse rarissimi casi in cui sia necessario specificare determinate quantità di parti spettanti. Ma si tratta sempre solo di piccolissimi particolari, non vincolanti in realtà.

Questa è la logica di una civiltà etica e civile.

La logica di una civiltà dove esista veramente la libertà individuale, l'uguaglianza e la fratellanza... Quei famosi diritti umani tanto decantati quanto disattesi!

Cosa avviene con le disuguaglianze

Vediamo ora cosa succede quando ad alcune persone viene dato più potere rispetto ad altre in una sorta di potere piramidale, come avviene oggi in ogni parte del mondo.

Censura della verità. Verità di regime. Ignoranza diffusa.
Diffusione di Falsa Conoscenza in tutte le Università.
Vengono continuamente censurate o evitate accuratamente tutte le notizie che potrebbero far perdere i posti di potere a chi ne ha.
I giornalisti scrivono solo notizie che favoriscono chi sta al potere e bloccano tutte le notizie "scomode".
La stessa cosa fanno anche tutti gli organismi di censura.
Vengono spacciate per verità e "scienza" moltissime falsità create ad hoc, come la storia che viene raccontata nelle scuole ufficiali, manipolate ed alimentate dai potenti per detenere il controllo.
Le università sono tutte gestite e controllate dalle lobby di potere per impedire la vera cultura, ovvero quella cultura che possa rendere davvero liberi ed autonomi i singoli individui.

Servilismo ed opportunismo. Annullamento della personalità.
Le persone diventano perfetti servi del potere.
Opportunisti senza alcuna coscienza. Accettano l'annullamento della propria coscienza in funzione della scalata al potere.
Schiavi dei soldi. Schiavi del lavoro. Questo è tutto ciò che fa chi ha cominciato la propria scalata al potere, oltre a tutti quelli che sono già ai vertici che per mantenersi in alto nella piramide si scambiano favori con gli altri vertici.

Ingiustizie all'ordine del giorno. Organi giudiziari corrotti.
Chi detiene il potere e fa di tutto per non perderlo, commette continuamente ingiustizie verso gli altri, come fa la magistratura che emette sentenze contrarie ai diritti umani.

Corruzione e Concussione.
Manipolazione della volontà altrui attraverso offerte onerose di denaro e beni materiali, oltre che con le minacce ed i ricatti.

Regime camuffato da Democrazia.
Viene dichiarata "Democrazia" ogni oligarchia in atto.
Ogni oligarchia è del tutto simile ad un regime, dove solo i vertici decidono su tutto e tutti senza interpellare mai il popolo.
Altro che democrazia... Altro che diritti umani...

Ribellioni. Violenza. Guerre.
I cittadini si sentono sempre più discriminati e si ribellano facendo continue lotte tra di loro e contro chi sta sopra di loro nella piramide del potere, ma mai contro i vertici perché questi sono protetti dagli organi di polizia.
Molte guerriglie urbane vengono continuamente provocate dallo scontento generale.
Le grandi guerre, oltre che essere utilizzate per eliminare le persone scomode, distruggere la cultura e le biblioteche antiche, vengono utilizzate anche per far crescere i profitti delle banche e di chi detiene il potere, in modo che i ricchi e potenti diventino sempre più ricchi e potenti, accrescendo ulteriormente il loro potere mentre tutti gli altri vengono utilizzati come schiavi e poi eliminati come spazzatura.
Nel migliore dei casi, i superstiti alle guerre verranno utilizzati nuovamente come schiavi, dopo essere stati "convinti" che la guerra appena terminata sia servita per portare la pace ed il rispetto.

Tutte le guerre potrebbero essere evitate se fosse davvero rispettata l'uguaglianza decantata dai politici e descritta nella dichiarazione dei diritti umani.

Libertà è sinonimo di Indipendenza

L'indipendenza, come la libertà, è un diritto fondamentale dell'uomo e di tutte le specie viventi.

**Libertà è anche un sinonimo di indipendenza,
una non può esistere senza l'altra.**

Anche se la dichiarazione dei diritti umani del 1948 non parla di indipendenza, ciò non vuol dire che l'indipendenza non sia giusta e dovuta ad ogni essere vivente. Questo perché:

la vera Libertà non è possibile senza indipendenza.

Per questa ragione, dichiarando che ognuno nasce libero e con dei diritti, si intende unanimamente ed implicitamente che ognuno nasce anche con il proprio diritto all'indipendenza e nessuna Costituzione di alcun Paese membro dell'ONU può in alcun modo impedire l'indipendenza dei singoli, dei Comuni, delle Regioni o degli Stati che la chiedano.

Chiedere l'indipendenza equivale a chiedere la propria libertà e questa libertà è il primo dei diritti umani dichiarati.

Chiunque chieda l'indipendenza ha il diritto di averla.

Il diritto all'indipendenza è implicito nella natura a qualunque livello, ed in tutti gli altri diritti.
È fondamentale a qualunque livello di vita sia umana, sia animale, sia vegetale e persino nella vita cellulare.
Così come i cuccioli degli animali trovano l'indipendenza quando crescono e raggiungono l'età adulta, così anche le famiglie umane dovrebbero sempre permettere ai propri figli ormai

adulti di crearsi la propria indipendenza, anche una propria famiglia se lo vorranno.

Allo stesso modo di come gli umani creano le proprie piccole comunità, esistono le comunità delle varie razze animali che si creano nei vari territori del nostro pianeta.

Ci sono famiglie della stessa specie che si aggregano e creano una comunità mantenendo al contempo anche una propria indipendenza famigliare. Queste comunità sono completamente indipendenti dalle comunità degli altri territori, che sono delimitati da ostacoli naturali come valli, montagne, fiumi, mari, vegetazione, clima, ecc... Ma quando necessita possono anche riaggregarsi per uno scopo di sopravvivenza comune.

Come molte razze animali, anche gli umani hanno sperimentato tutte questi aspetti dell'indipendenza nella loro storia.

Persino la vegetazione con tutte le proprie specie diverse crea la propria indipendenza e prospera nei propri ambienti limitati, che restano separati da quelli limitrofi a causa delle diverse situazioni ambientali.

Esistono ovunque limiti naturali che determinano l'indipendenza di tutte le specie viventi.

È naturale, dunque, che ogni specie vegetale ed animale preservi il proprio territorio da intrusioni o attacchi esterni.

Gli umani, dal canto loro, hanno il diritto alla propria indipendenza personale, la cosiddetta "privacy", così come quella della propria famiglia, del proprio villaggio o area geografica, del proprio quartiere, del proprio Comune di residenza, della propria Regione e del proprio Paese.

Quando in una famiglia animale i figli raggiungono l'età adulta e decidono di andarsene, i loro genitori non si oppongono ma lasciano andare i propri figli perché sanno intrinsecamente che è giusto così.

Quando una coppia umana si separa perché uno o entrambi i coniugi sentono di doverlo fare, è giusto lasciare questa libertà. Nessuno dovrebbe opporsi.

Forzare due o più persone a rimanere legate quando una o più non se la sentono, le metterebbe sempre più in difficoltà ed in conflitto. Lo stesso succederebbe se agli animali diventati adulti gli si impedisse di lasciare la propria famiglia di origine per la propria indipendenza. Allora ci sarebbero inevitabili lotte famigliari che potrebbero anche portare alla morte di qualche individuo.

Quando in una comunità umana, che sia un quartiere, un villaggio, Comune o Regione, ci sono persone o gruppi che vogliono la propria indipendenza, è naturale dargliela.
Il non farlo comporta sempre l'andare contro tutte le leggi della natura e contro le leggi dell'uomo.
Il non permettere l'indipendenza a tutte quelle parti di un popolo che la desiderano, significa violare i diritti umani riconosciuti universalmente.
Ogni diritto umano alla libertà personale verrebbe calpestato.
... Eppure sembra che nel mondo, il non rispettare le leggi naturali ed universalmente riconosciute sia diventata la normalità. Ogni giorno assistiamo a battaglie verbali o fisiche in molti luoghi del pianeta perché questi diritti "inviolabili" vengono continuamente violati ed ignorati.

Viviamo in un mondo dove tutti quei bei "diritti" scritti, esistono solo sulla carta. Dove il potere si è ramificato così tanto da non permettere a nessuno di potersi difendere nemmeno con il proprio "diritto alla resistenza".
Oggigiorno, chi chiede la propria indipendenza viene deriso, diffamato, minacciato, punito, incarcerato, massacrato... e se rimanesse ancora vivo dopo tutti questi trattamenti, sarebbe ulteriormente manipolato psicologicamente per eliminare dalla sua mente ogni traccia di questo pericoloso desiderio di libertà.

La libertà di pensiero non esiste affatto.

Prendetene atto: le leggi universalmente riconosciute non sono applicate. Se lo sono, lo sono solo in parte, raramente.
Essendo i diritti dell'uomo e della natura calpestati ogni giorno, in tutto il mondo, rendono la nostra vita sulla Terra una costante partecipazione alla distruzione di ogni valore morale e spirituale.
Dobbiamo cambiare tutto questo, adesso.

Lo schiavismo in atto

C'è oggi in atto uno schiavismo diffuso. Altro che diritti umani...

Da una parte gli sfruttati, quelli che producono. Dall'altra parte ci sono gli sfruttatori, quelli che "lavorano" per fare in modo che i loro schiavi producano sempre di più, tra cui troviamo non solo i politici, ma anche i vari direttori di imprese ed aziende, personaggi vari che lavorano negli uffici pubblici ma anche privati. Ci sono moltissime imprese o aziende dove ci sono metà dipendenti che lavorano in produzione e metà che lavorano negli uffici.
Cosa fanno quelli che lavorano negli uffici?
Alcuni lavorano per gestire veramente l'azienda, ma molti di questi "lavorano" per schiavizzare e costringere chi produce a spremersi sempre di più e senza alcun tipo di premio di produzione, se non, qualche volta un misero contentino per farli stare zitti...

Nessuna autorità vorrà mai ammettere questo.
Significherebbe perdere la propria poltrona di potere.
Solo le persone oneste potrebbero farlo, ma le persone oneste vengono sempre relegate a ruoli di secondo piano, possibilmente messe sempre come ultima ruota del carro.
Sono pochissimi i casi in cui qualche autorità voglia rinunciare al proprio potere. È come cercare di strapparvi di dosso un parassita che vi sta succhiando tutta l'energia... Farà di tutto per impedirvi di staccarvelo di dosso.
Ma lo dovremo fare e lo faremo perché questo è l'unico modo per far cambiare rotta a questa società malata.

**Ci staccheremo tutti i parassiti di dosso
e torneremo davvero liberi, finalmente!**

Estendere i diritti a tutte le specie viventi e non viventi

È importante ricordare sempre che la libertà individuale ed il rispetto verso gli altri individui va estesa necessariamente verso tutti gli esseri viventi: sia verso la fauna che verso la flora.

Ma non solo, anche verso la terra e tutto ciò che esiste, verso tutti gli elementi della materia ed i suoi prodotti, verso l'intero pianeta Terra ed il suo contenuto, e verso l'intero cosmo che ci circonda, con cui noi interagiamo sia che ne siamo consapevoli o meno.

Questo perché esiste una consapevolezza che sa di far parte di un Tutto ed ha bisogno del proprio equilibrio in ogni forma e dimensione.

Qualora un individuo non abbia questa consapevolezza, è comunque tenuto al rispetto dell'ambiente in cui vive onde evitare ripercussioni da parte sia dell'ambiente stesso che degli altri individui e di quelli più consapevoli che hanno insita nell'animo la responsabilità di tutto ciò che conoscono e percepiscono.

Tutte le specie umane, animali e vegetali vanno lasciate il più possibile libere, nel loro ambiente naturale, di vivere la propria vita secondo il proprio istinto di sopravvivenza senza interferenze da parte umana o di altra natura.

Il vero studio

Il vero studio è la ricerca personale volta alla comprensione.

Nessun tipo di studio può essere "obbligatorio". Nemmeno quello considerato "elementare".

**Lo studio più importante e più elementare
è il rispetto verso tutti e tutto.**

Queste sono le prime cose da insegnare ancor prima della lettura e della scrittura: il pieno rispetto di tutti, di tutto e di sé stesso con la presa di coscienza delle proprie responsabilità.

1) Il rispetto del libero arbitrio altrui.
2) La propria responsabilità in ogni azione e pensiero che si fa.
3) Lo sviluppo ed il mantenimento della propria coscienza ed integrità morale.
4) La gestione della propria indipendenza.

In verità, non c'è niente di più elementare del comprendere ed insegnare il vero rispetto verso gli altri, ovvero il rispetto del libero arbitrio di ogni singolo individuo, di ogni animale e di ogni essere vivente.

L'insegnamento primario è il rispetto del libero arbitrio altrui.

Quindi, dite pure addio alla scuola dell'obbligo!
Chi ha pensato di aggiungere la parola "obbligo" alla scuola elementare ha sbagliato tutto! Non ha considerato che stava interferendo nel diritto alla libertà dei singoli, seppure bambini.

Questo gravissimo errore va corretto immediatamente onde evitare il continuo degrado della scuola e dei suoi insegnamenti.

Correggere
la dichiarazione universale

L'articolo 26 dei diritti umani dichiara l'obbligo di studio.
Esso va contro gli stessi diritti umani dichiarati al punto 1 e va assolutamente corretto, perfezionato.
Se vogliamo davvero rispettare i diritti umani, non è possibile obbligare qualcuno a fare qualsiasi cosa, nemmeno "studiare".
Inculcare nozioni nella mente delle persone, siano esse adulte o bambini, mettendole sotto minaccia o sotto ricatto, vìola i diritti umani di libertà e indipendenza (libero arbitrio).

Lo studio non può e non deve essere mai fatto sotto minaccia o ricatto lavorativo o esistenziale.
Imporre un qualsiasi titolo di studio per poter fare un determinato lavoro è contrario ai diritti umani, così come imporre la registrazione ad un albo professionale, così come imporre le false verità dettate dalle autorità.

Nessuna verità può essere imposta da alcuna autorità.

Un'autorità scolastica? Proprio no, grazie, ma non ci serve.

Chi conosce ed applica i diritti umani non sarà mai un'autorità.

Lo studio va sempre favorito come già dichiarato nella stessa dichiarazione dei diritti umani, ma *mai obbligato.*

L'obbligo è sempre un errore, in qualunque ambito.

Correzione e completamento della DICHIARAZIONE UNIVERSALE DEI DIRITTI UMANI

Articolo 1

Tutti gli esseri umani nascono **e rimangono per sempre** liberi ed eguali in dignità e diritti. Essi sono dotati di ragione e di coscienza e devono agire gli uni verso gli altri in spirito di fratellanza.

Articolo 3

Ogni individuo ha diritto alla vita, alla libertà, **al rispetto, alla conoscenza di ogni verità, all'indipendenza, alla privacy** ed alla sicurezza della propria persona.
Ogni individuo ha il diritto di conoscere questo testo di completamento dei diritti umani e la spiegazione della loro applicazione reale.

Articolo 5

Nessun individuo potrà essere sottoposto a tortura o a trattamento o a punizione crudeli, inumani o degradanti **e nemmeno al plagio mentale con l'utilizzo di tecniche di coercizione, di convincimento o di autosuggestione.**

Tali metodi coercitivi saranno considerati al pari della tortura.

Articolo 15

Ogni individuo ha diritto ad una cittadinanza.
Nessun individuo potrà essere arbitrariamente privato della sua cittadinanza, né del diritto di mutare cittadinanza, **né del diritto di essere indipendente come singolo o gruppo.**
Ogni individuo ha anche il diritto, qualora lo desiderasse, di non far parte di alcuna cittadinanza e di non accettare alcuna legge imposta da altri.

Articolo 17

Ogni individuo ha il diritto ad avere una proprietà sua personale o in comune con altri.
Nessun individuo potrà essere arbitrariamente privato della sua proprietà.
Nessuna invasione clandestina sarà mai permessa od incentivata.

Articolo 19

Ogni individuo ha diritto alla libertà di opinione e di espressione incluso il diritto di non essere molestato per la propria opinione e quello di cercare, ricevere e diffondere informazioni e idee attraverso ogni mezzo e senza riguardo a frontiere.
Ogni individuo ha il diritto di non essere sottoposto al controllo sistematico di ogni suo movimento o scelta

personale. Nessun organo di polizia o di controllo è necessario quando esiste una convivenza civile.

Articolo 20

Ogni individuo ha diritto alla libertà di riunione e di associazione pacifica.

Nessuno può essere costretto a far parte di un'associazione, **religione, gruppo, comunità, Comune, Provincia, Regione o Paese. L'indipendenza ed il libero arbitrio rimane sempre un diritto fondamentale e primario.**

Articolo 21

Ogni individuo ha diritto di partecipare al governo del proprio paese, sia direttamente, sia attraverso rappresentanti liberamente scelti.

Ogni individuo ha diritto di accedere in condizioni di eguaglianza ai pubblici impieghi del proprio paese.

La volontà popolare è il fondamento dell'autorità del governo; tale volontà deve essere espressa attraverso periodiche e veritiere elezioni, effettuate a suffragio universale ed eguale, ed a voto segreto, o secondo una procedura equivalente di libera votazione.

L'unica autorità del governo è quella di mettere in atto la volontà del popolo.

Nessuna autorità potrà mai avere maggiori poteri, guadagni o privilegi rispetto a tutti gli altri individui.

Il governo ideale è quello formato da individui che lavorano onestamente come tutti e realizza il volere del popolo nelle proprie pause lavorative.

I governi formati da individui che occupano perennemente un ruolo di vertice sono dichiarati fuori legge.

Non è necessaria alcuna autorità dove c'è il vero rispetto dei diritti umani. La carriera politica è vietata.

Articolo 23

Ogni individuo ha diritto ad un lavoro **onesto**, alla libera scelta dell'impiego, a giuste e soddisfacenti condizioni di lavoro ed alla protezione contro la disoccupazione.
Nessun lavoro al di sopra di tutti gli altri sarà consentito; sarà invece sempre applicato il diritto all'eguaglianza.
Nessun vincolo legislativo, come un titolo di studio obbligatorio, può vietare a chiunque di fare il lavoro da lui scelto.
Ogni individuo, senza discriminazione, ha diritto ad eguale retribuzione per eguale lavoro, **ed inoltre ha diritto ad una paga equa nell'ambito della sua comunità, dove non potrà esistere uno stipendio più che doppio rispetto a quello più basso. Rimane fondamentale appiattire il livello stipendiale della società intera e non soltanto nel singolo impiego.**
Ogni individuo che lavora ha diritto ad una rimunerazione equa e soddisfacente che assicuri a lui stesso e alla sua famiglia una esistenza conforme alla dignità umana ed integrata, se necessario, da altri mezzi di protezione sociale.
La retribuzione di ogni individuo non potrà mai essere inferiore alla metà rispetto a quella di tutti gli altri componenti della stessa società o comunità in cui lavora.
I guadagni in eccesso verranno ridistribuiti equamente a tutti i lavoratori, nessuno escluso.
Ogni individuo che lavora ha diritto di appartenenza e di proprietà nell'ambito della società in cui lavora. Almeno una volta all'anno dovranno essere votati i vari membri per ogni singola mansione della società stessa, in modo che tutti possano effettuare la mansione a loro più idonea

all'interno della stessa. Qualora un lavoratore dovesse andarsene, perderà il diritto di proprietà sulla stessa ma sarà liquidato equamente per la parte che gli spetta di diritto.

Ogni individuo ha diritto di fondare dei sindacati e di aderirvi per la difesa dei propri interessi.

Tuttavia, nessun sindacato è auspicabile perché, se ciò fosse necessario significherebbe che nello stesso ambiente lavorativo non vengono rispettati i diritti umani.

Ove ci sia il vero rispetto dei diritti umani di libertà, uguaglianza e convivenza armoniosa non può esserci alcun bisogno di sindacati. Sarebbe più corretto fermare subito i fuorilegge, nel caso in cui, in un ambiente di lavoro, non vengano rispettati i diritti umani.

Articolo 24

Ogni individuo ha diritto al riposo ed allo svago, comprendendo in ciò una ragionevole limitazione delle ore di lavoro e ferie periodiche retribuite.

Ogni individuo ha diritto a lavorare nelle ore più idonee per il proprio benessere, senza per questo essere discriminato o tagliato fuori da una determinata mansione.

Gli orari di lavoro devono essere flessibili e modificabili, anche di giorno in giorno, per consentire a tutti di poter gestire il proprio riposo giornaliero nel migliore dei modi.

Non deve essere consentito che le persone diventino schiave del proprio lavoro o del proprio bisogno di guadagno materiale.

Il riposo giornaliero, come quello settimanale, è un diritto umano fondamentale.

Ogni lavoratore ha il diritto a scegliere quante ore lavorare sia giornalmente, sia mensilmente senza alcun limite che precluda il lavoro stesso. Questo sia valido per ogni tipo di lavoro.

Ogni lavoratore ha diritto ad avere del tempo anche per lo studio e per l'attività fisica ogni giorno, per il mantenimento e miglioramento della propria salute e per la continua crescita della coscienza personale.

Ogni settimana, almeno il 10% del tempo totale di lavoro dovrà essere impiegato per l'apprendimento di altra mansione lavorativa nello stesso ambito od in altro, senza limitazione alcuna.

Un ulteriore 10% dell'intera settimana lavorativa dovrà sempre essere a disposizione del lavoratore per la propria crescita personale della coscienza.

Un ulteriore 10% del tempo totale del lavoro settimanale dovrà essere impiegato per l'esercizio fisico necessario al mantenimento della propria salute psico-fisica.

L'esercizio fisico è un diritto e un dovere indispensabile per la propria salute e benessere, come il lavoro equo e onesto.

Ogni luogo di lavoro dovrà essere munito di una propria area adeguata a tale scopo, come una palestra attrezzata ed un campo dove potersi muovere liberamente, correre e giocare.

In totale, saranno almeno il 30% le ore lavorative a disposizione del lavoratore ogni settimana per il proprio miglioramento personale psichico, fisico e lavorativo.

Articolo 26

Ogni individuo ha diritto all'istruzione. L'istruzione deve essere gratuita almeno per quanto riguarda le classi elementari e fondamentali.

L'istruzione elementare **non può** essere obbligatoria, **ma** deve essere favorita in ogni modo dall'ambiente sociale.

I diritti umani di libertà, uguaglianza e rispetto valgono sempre anche per i bambini di qualunque età.

I genitori non hanno diritto di priorità nella scelta del genere di istruzione da impartire ai loro figli. Saranno sempre i bambini ad essere messi nella condizione di poter scegliere adeguatamente la propria istruzione ed i propri insegnanti.

L'istruzione deve sempre essere libera da ogni vincolo.

L'istruzione tecnica e professionale deve essere messa alla portata di tutti e l'istruzione superiore deve essere egualmente accessibile a tutti sulla base del merito.

L'istruzione deve essere indirizzata al pieno sviluppo della personalità umana ed al rafforzamento del rispetto dei diritti umani e delle libertà fondamentali. Essa deve promuovere la comprensione, la tolleranza, l'amicizia fra tutte le Nazioni, i gruppi razziali e religiosi, e deve favorire l'opera delle Nazioni Unite per il mantenimento della pace.

Il diritto all'istruzione non termina mai nel corso di tutta la vita umana.

L'istruzione dovrebbe proseguire nell'ambito di ogni attività lavorativa almeno per il 10% del tempo impiegato nel lavoro, settimanalmente.

Nessun limite può essere messo all'insegnamento e nessuno dovrebbe fare l'insegnante come lavoro fisso remunerato.

L'insegnamento dovrebbe essere sempre libero e spontaneo, egualmente all'apprendimento.

Tutti dovrebbero considerarsi sempre insegnanti ed allievi allo stesso tempo.

Nessuno ha il diritto di mettersi al di sopra degli altri.

Nessuno ha il diritto di imporre le proprie credenze su tutti gli altri, nemmeno le autorità.

Tutti hanno sempre da imparare, compresi gli insegnanti.

L'insegnamento di per sé non dovrebbe mai essere remunerato in una società democratica, ma deve far parte della normale convivenza fraterna assieme all'apprendimento continuo.

L'insegnamento e l'apprendimento devono convivere sempre senza alcun vincolo.

Ognuno dovrebbe sempre insegnare liberamente agli altri ciò che ha imparato durante il proprio lavoro o contribuire al miglioramento della propria comunità senza chiedere più di quello che già gli viene dato.

Nessun insegnamento o insegnante può essere imposto.

I bambini non sono mai da considerare oggetto dei genitori o degli adulti, non devono mai essere considerati inadeguati nel poter scegliere per sé stessi; sono da considerare individui con personalità propria come gli adulti, anche se in età formativa.

L'istruzione deve metterli innanzitutto nella condizione di poter essere autonomi in ogni scelta di vita, e questo spetta innanzitutto ai genitori o chi se ne occupa.

I genitori dovrebbero intervenire solamente nei casi in cui il bambino non riesca a prendere una decisione in tempo utile.

Nessun limite di età dovrebbe essere messo come condizione per poter istruire un bambino o per fargli prendere una decisione personale.

È consigliabile solamente indicare un'età consigliata per determinate scelte, ma non deve mai essere un limite assoluto. Ciò andrebbe contro i diritti umani.

Articolo 30

Nulla nella presente Dichiarazione può essere interpretato nel senso di implicare un diritto di un qualsiasi Stato, gruppo o persona di esercitare un'attività o di compiere un atto mirante alla distruzione di alcuno dei diritti e delle libertà in essa enunciati.

Nessun potere e nessun privilegio dovrà mai essere messo a disposizione di qualunque rappresentante del popolo o dello Stato.

La rappresentanza non dovrebbe mai essere un lavoro fisso.

(NB: gli articoli non menzionati rimangono gli stessi)

Ogni Repubblica è una dittatura

Una Repubblica, per definizione, è una forma di governo in cui tutti i cittadini dello Stato partecipano al potere supremo, di norma indirettamente, per mezzo di propri rappresentanti liberamente eletti, o direttamente per mezzo del referendum, e in cui la carica di capo dello Stato non è ereditaria ma elettiva e temporanea.

Ciò consente però ai "rappresentanti del popolo" di prendere potere sul popolo stesso e di governare facendo persino leggi contro il popolo sottomesso. Ed è proprio quello che è sempre successo in qualsiasi Repubblica.

Ogni Repubblica esistente nei Paesi dell'ONU è fuori legge.

In una Repubblica non potranno mai essere rispettati i diritti umani di libertà, uguaglianza e fraternità perché, nel momento che vengono dati poteri aggiuntivi ad una qualunque carica dello Stato, la stessa carica metterà gli altri individui del popolo in una posizione di disuguaglianza, di ingiustizia, di sottomissione.
Quello che possiamo vedere nella storia di ogni Repubblica di ogni Paese del pianeta è che sono sempre stati violati i diritti umani fondamentali.

Per questo motivo, sappiamo che ogni Repubblica è fuori legge.

Da quando nel 1948 i Paesi aderenti all'ONU firmarono la dichiarazione universale dei Diritti Umani, tutti i governi e le Repubbliche persero il diritto di governare il popolo utilizzando dei privilegi.
... Ma nessuno se ne è occupato, fino ad ora.

I risultati di tutto questo scempio dei diritti umani, ancora una volta, sono sotto gli occhi di tutti. Vedeteli da voi.

Una Repubblica crea a tutti gli effetti una dittatura che piano piano annulla sempre di più i diritti degli individui che non sono ai vertici del potere. Inoltre una Repubblica consente che organismi di potere occulto continuino a governare nascostamente, di governo in governo, senza che nessuno possa fermarli.

Nessuna Repubblica dovrà più esistere, d'ora in avanti, in un Paese civile che desideri rispettare realmente i diritti umani.

Rivedendo la storia, l'umanità è passata, in diverse epoche, dalle varie monarchie diffuse nei vari Paesi alle Repubbliche di oggi che sarebbero dovute essere qualcosa di più vicino ai diritti umani rispetto ad una monarchia... Forse, ma ancora non basta.
Ancora il potere messo in mano a pochi prevale ed annulla i diritti di tutti gli altri.

È giunto il momento di cambiare, di fare un altro passo avanti verso il vero rispetto di tutti gli esseri umani mettendo i diritti di tutti allo stesso livello.

A nessuno dovrebbe mai essere permesso di avere più potere rispetto agli altri, per il rispetto dei diritti umani di tutti.
Tutti gli umani dovrebbero essere allo stesso livello, con le ricchezze distribuite equamente a tutti i compaesani e gli stipendi livellati per qualunque tipo di lavoro (come descritto nel capitolo precedente).

Il passaggio successivo, dopo aver vissuto sotto la Monarchia e poi sotto la Repubblica, sarà l'Anarchia Democratica.

Ovvero, la Vera Democrazia. Quella anarchica.

Una Democrazia Diretta, senza alcuna autorità.

La Costituzione Italiana
è fuori legge

La Costituzione italiana è la dichiarazione di una Repubblica. Nella Repubblica Italiana, il popolo voterebbe democraticamente i propri capi con elezioni regolari, sottostando però sempre e comunque alla Costituzione, alla Repubblica, al capo dello Stato, ai ministri e sindaci, ai governatori, alla Chiesa, all'autorità giudiziaria, ai vari magistrati, ai giudici, ai politici, ai sindaci, ai vari ministri, ai poliziotti, ai militari, ai carabinieri, a tutta la burocrazia statale... E come se non bastasse, il cosiddetto "popolo sovrano" dovrebbe sottostare anche alla "scienza" ufficiale ed alla "medicina" ufficiale, ovvero a chi la gestisce: le multinazionali farmaceutiche, le quali avrebbero il potere di emettere ordini che sovrastano qualunque diritto degli individui singoli per poter fare qualsiasi cosa a qualunque persona sana senza il consenso della persona stessa.

Tutto questo va contro i diritti umani.

Leggendo e rileggendo la Costituzione, apparentemente sembra che la Repubblica rispetti i diritti umani di ogni persona in ogni situazione della vita, come se in una Repubblica tutto debba svolgersi nella maniera più corretta senza che mai qualcosa possa sfuggire al controllo degli organi di potere e della legge, senza che mai un organo di potere dovesse essere ambiguo o corrotto o fuorilegge o sviato da un'obiettività perenne.

Purtroppo la realtà è ben diversa. Nessuna di queste leggi sui diritti umani viene rispettata completamente, anzi, per la maggior parte non sono rispettate affatto. Inutile leggere e rileggere. Non c'è rispetto della legge sui diritti umani.

Le leggi della Repubblica vengono utilizzate da chi detiene il potere unicamente per mantenere il proprio potere sugli altri tramite il controllo sempre più sistematico e soppressivo, come nell'esempio scritto sopra in cui una persona sana viene sequestrata, legata ad un lettino, intubata ed uccisa soltanto per aver messo piede in un ospedale ed aver effettuato un controllo fasullo, dichiarato però "valido".

Le leggi della Repubblica sono state studiate e vengono utilizzate solo per favorire chi comanda nascostamente al di fuori delle stesse leggi in vigore e per censurare ed ammutolire chi prova ad uscirne o spiegare quello che sta realmente accadendo, ovvero la presa di potere di pochi con la sottomissione di tutti gli altri.

Sottomessi al potere

Ma com'è possibile che, nonostante la dichiarazione dei diritti umani, sia rimasto ancora tutto come prima?
Possibile che nessuno si sia reso conto che non sono mai stati applicati?
Perché regna tutta questa ignoranza spacciata per "saggezza"?

**Il potere è mantenuto grazie all'ignoranza diffusa,
camuffata di *conoscenza*.**

I primi ignoranti sono quelli che detengono il potere, ovviamente, anche se dal loro punto di vista è esattamente l'opposto.
... E ci mancherebbe che lo ammettessero pure, ciò che sono...
Secondo loro, sono i poveri senza titoli ufficiali e senza alcun potere aggiuntivo sulla massa becera, ad essere i più ignoranti.
... Ma lo vedrete, quando questi "poveri" ribalteranno il "sistema"
... ed allora capirete chi erano davvero i "poveri"...
I poveri di spirito, naturalmente!

**Chi detiene il potere e lavora per mantenerlo, non ha compreso
e non vuole comprendere che si sta rovinando da solo.**

Chi detiene il potere non è in grado di comprendere perché è succube della propria ignoranza, l'ignoranza della mente e del proprio inconscio, che lo controlla suo malgrado e lo costringe a fare ciò che sta facendo nella più totale inconsapevolezza.

La "forza" di chi detiene il potere è il denaro.
Ma noi "poveri" sappiamo bene che quella in verità è soltanto una debolezza, non una forza.

La rincorsa vitanaturaldurante al denaro è l'inganno principale per mantenere il popolo soggiogato.
Infatti, chi detiene il potere, detiene il controllo delle banche,

delle lobby multinazionali del farmaco, della chimica, dei media, delle università, della falsa ricerca, dei partiti politici, delle varie massonerie, ecc...

Con i soldi possono controllare e manipolare tutto tranne che fare qualcosa di utile e positivo, come possedere la vera umiltà, la vera coscienza e la vera conoscenza.

Purtroppo per loro, la vera conoscenza non è quella che sottomette gli altri individui, ma *è quella che li rende liberi*.

E loro, questa conoscenza non ce l'hanno assolutamente.

Sanno solamente schiavizzare le persone, non renderle libere.

Chi detiene il potere sugli altri lavora unicamente per mantenerlo a tutti i costi, senza scrupoli, senza coscienza, utilizzando l'ignoranza ed i punti deboli di chi è sottomesso.

Le autorità scrivono le leggi - come la Costituzione di ogni paese o come la *"Convenzione europea dei diritti dell'uomo"* che vedremo nei prossimi capitoli - sempre in modo tale che soltanto loro possano decidere qualsiasi cosa per tutti gli altri.

Usano sotterfugi ed inganni per inserire l'obbligo di sottostare a tutte le autorità esistenti.

Ovvero: *bisogna sempre obbedire a qualche padrone!*

... E così vìolano sempre la legge sui diritti umani dell'ONU.

Le autorità vìolano sempre il libero arbitrio altrui.

E non hanno ancora capito che così facendo stanno sottomettendo prima di tutto se stessi.

Non hanno capito che questo è il frutto della propria ignoranza sull'universo, sull'energia, sulla vita e su cosa l'abbia creata.

Siamo sottomessi perché siamo ignoranti.

Dobbiamo tutti ammetterlo.

I maestri ignoranti sottomettono altri ignoranti.

Ma nel momento che qualcuno prende consapevolezza di qualcosa, tanto più diventa consapevole, tanto più tornerà ad essere libero. Non più schiavo della propria ignoranza.

Chi prende consapevolezza di ciò che succede realmente, non lascia le cose come stanno, ma *le cambia immediatamente.*
Avviene in automatico, come fosse contemporaneamente detto e fatto.
Non utilizza ragionamenti mentali perché ne rimane fuori.
Non accetta più di venire sottomesso come prima.
Non accetta più di essere plagiato mentalmente, come purtroppo ha dovuto subire fin da bambino, come tutti i bambini.
Non cederà più alle minacce, ai ricatti di rimanere senza lavoro, senza casa, senza famiglia.
Non cederà più alla paura ed infine non avrà più paura di nulla perché la Consapevolezza Pura non ha paura di niente.

La vera Consapevolezza fa solo ciò che deve senza poter essere fermata da niente e nessuno.
Perché la Consapevolezza Pura è Causativa sull'universo/ materia/energia.

La Consapevolezza Pura Crea dal Nulla. Annichilisce l'energia e tutti gli inganni energetici.

La Consapevolezza Pura annulla tutte le bugie sull'esistenza e su qualunque altra cosa esistente.

Democrazia od Oligarchia?

La democrazia è la forma di governo in cui il potere è del popolo.

Detta così, sembrerebbe perfetta. Siamo in democrazia, quindi siamo in una forma di governo che rispetta i diritti umani... O no?

NO.

Ogni volta che tutto il popolo votava democraticamente, eleggeva i propri rappresentanti in vari ministeri e dava a questi rappresentati un potere aggiuntivo, superiore al potere dei singoli cittadini... E proprio qui sta l'errore!

Dare potere aggiuntivo alle cariche dello Stato rende sempre la democrazia un'oligarchia.

La vera democrazia non è mai esistita in nessuno Stato!

E così, tutte le lobby, i gruppi segreti o semi-segreti che hanno sempre governato sul pianeta all'oscuro delle masse, hanno potuto rimanere al potere quasi indisturbati a schiavizzare il popolo ignaro dei piani diabolici che venivano di volta in volta messi in atto per rafforzare ancor di più il proprio potere.

Anche in Italia c'è in atto un'oligarchia camuffata da democrazia.
Ciò è ben visibile a tutti.
Vediamo ogni giorno anche dai TG che tutto sta andando a rotoli, ed in effetti è così... Ma avete capito perché?
Tutti si lamentano perché si sentono impotenti nel cambiare le cose, sembra che nessuno riesca a cambiare niente veramente, nonostante il governo di turno canti vittoria ogni altro giorno dicendo che sta andando bene e che tutto sta migliorando...
Sarà vero... Oppure no?
Quei miseri cambiamenti fatti di giorno in giorno e di anno in

anno, qualora fossero anche cambiamenti "positivi" non cambiano la sostanza: stiamo diventando ogni anno tutti più poveri e senza diritto alcuno, nemmeno quello di difendersi! ... Tutti, tranne ovviamente quei pochi che invece diventano sempre più ricchi e potenti: gli oligarchi appunto.

Qualunque partito vinca le elezioni non riesce a cambiare niente in sostanza, perché accettando le violazioni dei diritti umani messi in vigore, attuando la Costituzione della Repubblica Italiana, accettano che il potere rimanga in mano sempre alle stesse persone che apparentemente non dovrebbero avere nessun privilegio di sovrastare tutti gli altri. E invece...

Il popolo è scontento, ma non può risolvere i propri problemi perché è totalmente ignaro di ciò che realmente sta accadendo e che sta accordando mentalmente, ed è totalmente sottomesso e succube a questo potere incontrollato.

Un popolo completamente sottomesso alla propria incoscienza e stupidità.

Questa sottomissione è chiara a tutti, ma non il suo funzionamento.

I politici di sinistra danno la colpa a quelli di destra e viceversa.

Ma a prescindere da chi governa, il peggio viene sempre dopo.

Allora, perché nessuno riesce a ribaltare le cose?

Ho già detto che chi ha più potere sugli altri, lo esercita unicamente per mantenerlo ed alimentarlo sempre di più.

L'errore è sempre lo stesso:
dare un qualsiasi potere ad un'autorità.

Perché ciò significa: *permettere a quell'autorità di diventare un dittatore/parassita dei suoi schiavi sottomessi.*

In un'oligarchia, il potere ed il denaro è in mano di pochi e solo loro possono cambiare il corso delle cose... E a quanto pare, non accettano mai di cedere il potere ad altri, se non alla propria stirpe, un po' come si faceva ai tempi della monarchia.

E queste stirpi si tramandano sempre gli stessi ideali e percorsi di schiavizzazione occulta dei popoli, facendo loro credere, però, di essere "liberi" ed in "democrazia".

Le loro poltrone di potere se le scambiano di continuo con i loro colleghi oligarchi.

Quindi, chi sta al potere sono sempre le stesse persone e le stesse stirpi (almeno nei ruoli che contano di più).

Molti politici cominciano la carriera come giornalisti al completo servizio delle lobby del potere, quelle che hanno il maggior denaro al mondo. Pubblicando solamente articoli al servizio delle stesse, solamente verità manipolate per favorirle, niente verità diverse da queste, diffamando tutti quelli che li smentiscono.

Un po' quello che oggi fa la sinistra con la destra, in Italia. Sono completamente concentrati sulla diffamazione e la calunnia dei politici e gruppi di destra, con la complicità della magistratura totalmente corrotta.

Si trasformano così in parassiti perenni che sfruttano e succhiano sempre più energia ai loro sudditi inconsapevoli: il popolo sottomesso.

Le autorità difendono solo se stesse e chi sta al di sopra.
Mentre chi è al di sotto rimane sempre un loro schiavo.

Schiavi usati per dare sempre più ricchezze ai vertici del potere.

Utilizzati anche come cavie per esperimenti sanitari che vengono autorizzati dalle autorità inconsapevoli ed incompetenti su tutto. Anche se, evidentemente, i vertici delle stesse autorità hanno scopi molto diversi da quelli dichiarati. Rimangono comunque completamente inconsapevoli ed incoscienti di tutto quello che stanno facendo a se stessi, nella convinzione di saperlo.

Il plagio obbligatorio

Come mai il popolo non si ribella in massa?

Perché viene costantemente tenuto a bada sia dagli organi di polizia, che obbediscono soltanto ai vertici del potere, ma anche e soprattutto con l'aiuto del controllo subdolo della mente.
Chi comanda, ai vertici, ha il totale controllo della mente umana.
Questo controllo sistematico e programmato avviene con diversi metodi. Gli obiettivi sono:

1) Mantenere il popolo ignorante nella conoscenza della mente e del suo funzionamento.
2) Mantenere il popolo ignorante su se stesso e sulle proprie origini.
3) Mantenere il popolo ignorante su chi comanda veramente.
4) Mantenere il popolo ignorante in ogni campo della scienza ufficiale.
5) Mantenere il popolo nella paura, nel ricatto e sotto minaccia.

Questi obiettivi vengono raggiunti anche grazie alla scuola dell'obbligo, dove i bambini vengono resi totalmente innocui di fronte al *plagio mentale obbligatorio* favorito dall'accondiscendenza dei genitori.
Alcuni bambini sanno anche ribellarsi talvolta, rifiutando lo studio o altri trattamenti non desiderati.
Lo vedete il disagio giovanile diffuso?
Da cosa credete che dipenda?
Dipende sempre dalla violazione del libero arbitrio, la violazione della libertà altrui. Oltre che dal mancato insegnamento vero, che non è quello imposto con le punizioni.
Eppure, molti non riescono a spiegarsi la violenza giovanile...
Ma non sarebbe così difficile capirne il perché... E non serve

nemmeno una laurea per capirlo!

I titoli di studio obbligatori per poter accedere a determinati lavori, come ad esempio la medicina, costringono ancora i poveri giovani alunni a sottoporsi ad un continuo plagio mentale, dove non possono verificare niente di tutto quello che gli viene inculcato almeno per il 90%. Non gli viene concesso né il tempo né i modi per verificare moltissime cose.

Devono accettarle immediatamente, alla lettera, se non vogliono essere tolti di mezzo dagli "insegnanti".

Così funziona il nostro sistema di studio:

Memorizzare tutto senza verificare, senza comprendere.

Questo è disumano, robotico. Trasformano gli studenti in robot che non sanno verificare ciò che gli viene inculcato e spacciato per *"unica verità conosciuta'* anche quando non lo è affatto.

E così, i nostri poveri studenti si ritrovano costretti ad accettare le tante bugie del sistema, se desiderano inserirsi nel mondo del lavoro.

In questo modo, i vertici del sistema introducono nelle loro menti giovani e fragili moltissime false verità... Appositamente.

Niente è a caso, soprattutto quando si tratta di mantenere gli studenti ignoranti...

Infine, la laurea per poter accedere a determinati lavori nella nostra società e successivamente le varie specializzazioni, si ottengono solamente quando si dimostra ripetutamente, nel corso di numerosi esami, di essere stati *perfettamente plagiati e conformati alle verità imposte* dal sistema subdolo che c'è oggi in atto.

Nessuno ottiene una laurea dimostrando che le cose funzionano diversamente da come le insegnano.

E moltissime cose, purtroppo, funzionano molto diversamente da come le raccontano nelle scuole dell'obbligo, nelle università e nelle "specializzazioni"!

A cominciare dallo studio vero, che non somiglia per niente ad un plagio mentale, ma consiste in una libera ricerca personale non vincolata a niente e nessuno, senza alcun obbligo.

L'ignoranza e la paura, con il ricatto e le minacce sono i tre punti fondamentali per mantenere il controllo.

L'ignoranza radicata nella mente sul funzionamento della stessa è fondamentale per mantenere il controllo sulle masse.

Ecco, ad esempio, perché la psicologia insegnata nelle università sia una materia rimasta ancora molto indietro rispetto alle reali conoscenze della mente che esistono in tutto il mondo in moltissime discipline al di fuori dalle stesse università.

Per le lobby di potere, è importantissimo che gli psicologi "ufficiali" non comprendano mai di essere stati plagiati e resi dei semplici servi innocui, completamente succubi e convinti a credere determinate cose, e non altre, per non potersi mai svegliare veramente dal torpore causato dalla propria incoscienza messa in atto su di loro sopprimendo la coscienza.

Sulla presa di coscienza di essere stati plagiati, l'ignoranza è pressoché totale.

Essi sono totalmente convinti di aver studiato "liberamente".

E così, il controllo rimane pressoché totale, o meglio, diciamo al 99%. Perché qualcuno che ogni tanto si sveglia un po' esiste ancora, purtroppo per loro.

Ma sono davvero pochissime le persone che riescono ad uscire almeno parzialmente da questo subdolo controllo mentale.

Uscirne totalmente è quasi impossibile...

Ma si può fare anche questo. È molto, molto dura però...
Non illudetevi!

Per farlo, occorre rinunciare alla scienza "ufficiale", ai titoli di studio "ufficiali" e quindi alla carriera, ai soldi, alla casa, ai beni

materiali e spesso anche alle persone a cui siamo legati...
Quanti sono davvero disposti a tutto questo? Molto pochi.

A chi esce davvero dal controllo mentale attuato dal nostro sistema marcio, rimangono solo le briciole e l'amarezza di vedere ciò in cui ci siamo cacciati... e la domanda: *"Perché?"*.

"Perché siamo caduti così in basso?"

A tutto c'è una risposta e niente è impossibile.

Molte risposte le ho già date nei miei testi pubblicati in precedenza, mentre altre le troverete nei prossimi.

Qui mi sono dedicato alle soluzioni da mettere in atto in una vera democrazia per cambiare radicalmente tutto, da cima a fondo, il sistema marcio in cui viviamo.

Applicando finalmente i Diritti Umani per davvero.

Queste soluzioni saranno possibili solamente con un'azione sinergica da parte di molte persone sveglie ed unite dallo stesso scopo.

Gli altri continuino pure a dormire, finché riescono...

Vittime e carnefici

Vediamo ora cosa significa assumere il ruolo di vittima.

Chi fa la vittima, delega tutte le colpe o responsabilità di qualcosa ad altri perché ritiene che lui/lei non possa fare niente a tal proposito. Ritiene che i responsabili della sua condizione siano i suoi carnefici.
Ma sarà davvero così, oppure si tratta soltanto di un modo per non prendersi le proprie responsabilità?
Un modo per poter rubare energia e denaro agli altri?
Un modo per non doversi prendere la briga di andare a lavorare ogni giorno per *guadagnarsi onestamente* da vivere?
Un modo per avere soldi facili, per ottenere la compassione ed consenso altrui in modo tale da ottenere delle donazioni senza dover lavorare?
Un modo per non dover affrontare le proprie incomprensioni e non *dover ricercare la verità?*

Osserviamo per un po' il comportamento di chi assume il ruolo di vittima quando si ritrova dall'altra parte della sponda, in una situazione ribaltata, dove la vittima indica lui/lei come suo carnefice, quando si ritrova a sua volta di fronte a chi utilizza i suoi stessi metodi per incolparlo/a della sua condizione.

La vittima si trasforma sempre in carnefice.
I due ruoli sono sullo stesso livello di coscienza.

Una vittima che si sente punita ingiustamente per aver rubato, a sua volta farà il carnefice e punirà chi ruba a lui/lei allo stesso modo. Questo perché la mancanza di responsabilità porta sempre ad assumere entrambi i ruoli, non uno solamente.
Chi assume il ruolo di "parassita", a sua volta si troverà a dover combattere con chi vuole parassitare lui/lei.
Sono comportamenti che rispecchiano la stessa mancanza di

responsabilità ed attraggono i propri simili.

Ogni comportamento esprime delle frequenze energetiche che attraggono quelle simili. La mente e l'energia, che sono la stessa cosa, funzionano sempre in questo modo.

Per questo la mancanza di responsabilità ha una sua frequenza che talvolta farà assumere ad una persona il ruolo di vittima, magari sul luogo di lavoro, per poi trasformarsi talvolta in carnefice, magari tornata a casa con la figlia piccola, ripetendo sempre le stesse cose che ha subìto al lavoro.

L'ignoranza porta sempre a commettere tali errori dovuti alla mancanza di responsabilità.

L'ignoranza e la mancanza di responsabilità portano sempre a commettere azioni dannose.

In verità, però, tutte queste persone che fanno le vittime, sono solo vittime di se stessi/e. Questo perché:

sei sempre e solo tu che permetti a qualcuno di farti qualcosa.

Se tu non lo permetti, nessuno può farti niente.

Ma per impedire che qualcuno ti faccia qualcosa, devi prenderti responsabilità di tutto ciò che fai ed hai fatto fin dall'inizio dell'esistenza...

Perché tutto ritorna sempre.

L'energia non perdona, il tuo karma funziona secondo l'energia che tu hai messo in atto, non gli altri, non il fato o altro.

Perché tutto ciò che hai fatto e che fai dipende soltanto da te ed è l'unica cosa che causa la tua esistenza.

Ogni pensiero ed ogni azione trasformano l'energia/mente.

Prendetevi dunque responsabilità di ogni vostro pensiero ed azione.

La responsabilità totale su tutto e tutti sembrerà anche difficile da assumere, ma è l'unica via per poter uscire dal ciclo di stupidità e rovina in cui viviamo a causa unicamente nostra.

E finché darai la colpa a qualcun altro, non ne uscirai.

(Nel seguente capitolo sono riportati solo i primi 18 articoli della Convenzione Europea sui diritti dell'uomo, a titolo informativo.)

La Convenzione Europea dei Diritti dell'Uomo

così come modificata dai Protocolli nn. 11 e 14 Protocolli nn. 1, 4, 6, 7, 12 e 13

Convenzione per la salvaguardia dei Diritti dell'Uomo e delle Libertà fondamentali

Roma, 4.XI.1950

I Governi firmatari, membri del Consiglio d'Europa,
Considerata la Dichiarazione universale dei Diritti dell'Uomo, proclamata dall'Assemblea generale delle Nazioni Unite il 10 dicembre 1948;
Considerato che detta Dichiarazione mira a garantire il riconoscimento e l'applicazione universali ed effettivi dei diritti che vi sono enunciati;
Considerato che il fine del Consiglio d'Europa è quello di realizzare un'unione più stretta tra i suoi membri, e che uno dei mezzi per conseguire tale fine è la salvaguardia e lo sviluppo dei diritti dell'uomo e delle libertà fondamentali;
Riaffermato il loro profondo attaccamento a tali libertà fondamentali che costituiscono le basi stesse della giustizia e della pace nel mondo e il cui mantenimento si fonda essenzialmente, da una parte, su un regime politico effettivamente democratico e dall'altra, su una concezione comune e un comune rispetto dei diritti dell'uomo di cui essi si valgono;
Risoluti, in quanto governi di Stati europei animati da uno stesso

spirito e forti di un patrimonio comune di tradizioni e di ideali politici, di rispetto della libertà e di preminenza del diritto, a prendere le prime misure atte ad assicurare la garanzia collettiva di alcuni dei diritti enunciati nella Dichiarazione universale, hanno convenuto quanto segue:

ARTICOLO 1

Obbligo di rispettare i diritti dell'uomo

Le Alte Parti contraenti riconoscono a ogni persona sottoposta alla loro giurisdizione i diritti e le libertà enunciati nel Titolo primo della presente Convenzione.

TITOLO 1

DIRITTI E LIBERTÀ

ARTICOLO 2

Diritto alla vita

1. Il diritto alla vita di ogni persona è protetto dalla legge. Nessuno può essere intenzionalmente privato della vita, salvo che in esecuzione di una sentenza capitale pronunciata da un tribunale, nel caso in cui il reato sia punito dalla legge con tale pena.

2. La morte non si considera cagionata in violazione del presente articolo se è il risultato di un ricorso alla forza resosi assolutamente necessario:
(a) per garantire la difesa di ogni persona contro la violenza illegale;
(b) per eseguire un arresto regolare o per impedire

l'evasione di una persona regolarmente detenuta; (c) per reprimere, in modo conforme alla legge, una sommossa o un'insurrezione.

ARTICOLO 3

Proibizione della tortura

Nessuno può essere sottoposto a tortura né a pene o trattamenti inumani o degradanti.

ARTICOLO 4

Proibizione della schiavitù e del lavoro forzato.

1. Nessuno può essere tenuto in condizioni di schiavitù o di servitù.

2. Nessuno può essere costretto a compiere un lavoro forzato od obbligatorio.

3. Non è considerato «lavoro forzato od obbligatorio» ai sensi del presente articolo:
(a) il lavoro normalmente richiesto a una persona detenuta alle condizioni previste dall'articolo 5 della presente Convenzione o durante il periodo di libertà condizionale;
(b) il servizio militare o, nel caso degli obiettori di coscienza nei paesi dove l'obiezione di coscienza è considerata legittima, qualunque altro servizio sostitutivo di quello militare obbligatorio;
(c) qualunque servizio richiesto in caso di crisi o di calamità che minacciano la vita o il benessere della comunità;
(d) qualunque lavoro o servizio facente parte dei normali doveri civici.

ARTICOLO 5

Diritto alla libertà e alla sicurezza

1. Ogni persona ha diritto alla libertà e alla sicurezza. Nessuno può essere privato della libertà, se non nei casi seguenti e nei modi previsti dalla legge:

(a) se è detenuto regolarmente in seguito a condanna da parte di un tribunale competente;

(b) se si trova in regolare stato di arresto o di detenzione per violazione di un provvedimento emesso, conformemente alla legge, da un tribunale o allo scopo di garantire l'esecuzione di un obbligo prescritto dalla legge;

(c) se è stato arrestato o detenuto per essere tradotto dinanzi all'autorità giudiziaria competente, quando vi sono motivi plausibili di sospettare che egli abbia commesso un reato o vi sono motivi fondati di ritenere che sia necessario impedirgli di commettere un reato o di darsi alla fuga dopo averlo commesso;

(d) se si tratta della detenzione regolare di un minore decisa allo scopo di sorvegliare la sua educazione oppure della sua detenzione regolare al fine di tradurlo dinanzi all'autorità competente;

(e) se si tratta della detenzione regolare di una persona suscettibile di propagare una malattia contagiosa, di un alienato, di un alcolizzato, di un tossicomane o di un vagabondo;

(f) se si tratta dell'arresto o della detenzione regolari di una persona per impedirle di entrare illegalmente nel territorio, oppure di una persona contro la quale è in corso un procedimento d'espulsione o d'estradizione.

2. Ogni persona arrestata deve essere informata, al più presto e in una lingua a lei comprensibile, dei motivi dell'arresto e di ogni accusa formulata a suo carico.

3. Ogni persona arrestata o detenuta, conformemente alle condizioni previste dal paragrafo 1 c del presente articolo, deve essere tradotta al più presto dinanzi a un giudice o a un altro magistrato autorizzato dalla legge a esercitare funzioni giudiziarie e ha diritto di essere giudicata entro un termine ragionevole o di essere messa in libertà durante la procedura. La scarcerazione può essere subordinata a garanzie che assicurino la comparizione dell'interessato all'udienza.

4. Ogni persona privata della libertà mediante arresto o detenzione ha il diritto di presentare un ricorso a un tribunale, affinché decida entro breve termine sulla legittimità della sua detenzione e ne ordini la scarcerazione se la detenzione è illegittima.

5. Ogni persona vittima di arresto o di detenzione in violazione di una delle disposizioni del presente articolo ha diritto a una riparazione.

ARTICOLO 6

Diritto a un equo processo

1. Ogni persona ha diritto a che la sua causa sia esaminata equamente, pubblicamente ed entro un termine ragionevole da un tribunale indipendente e imparziale, costituito per legge, il quale sia chiamato a pronunciarsi sulle controversie sui suoi diritti e doveri di carattere civile o sulla fondatezza di ogni accusa penale formulata nei suoi confronti. La sentenza deve essere resa pubblicamente, ma l'accesso alla sala d'udienza può essere vietato alla stampa e al pubblico durante tutto o parte del processo nell'interesse della morale, dell'ordine pubblico o della sicurezza nazionale in una società democratica, quando lo esigono gli interessi dei minori o la protezione della vita privata delle parti in causa, o, nella misura giudicata strettamente necessaria dal tribunale, quando in circostanze speciali la pubblicità possa portare pregiudizio agli interessi della giustizia.

2. Ogni persona accusata di un reato è presunta innocente fino a quando la sua colpevolezza non sia stata legalmente accertata.

In particolare, ogni accusato ha diritto di:
(a) essere informato, nel più breve tempo possibile, in una lingua a lui comprensibile e in modo dettagliato, della natura e dei motivi dell'accusa formulata a suo carico;
(b) disporre del tempo e delle facilitazioni necessarie a preparare la sua difesa;
(c) difendersi personalmente o avere l'assistenza di un difensore di sua scelta e, se non ha i mezzi per retribuire un difensore, poter essere assistito gratuitamente da un avvocato d'ufficio, quando lo esigono gli interessi della giustizia;
(d) esaminare o far esaminare i testimoni a carico e ottenere la convocazione e l'esame dei testimoni a discarico nelle stesse condizioni dei testimoni a carico;
(e) farsi assistere gratuitamente da un interprete se non comprende o non parla la lingua usata in udienza.

ARTICOLO 7

Nulla poena sine lege

1. Nessuno può essere condannato per una azione o una omissione che, al momento in cui è stata commessa, non

costituiva reato secondo il diritto interno o internazionale. Parimenti, non può essere inflitta una pena più grave di quella applicabile al momento in cui il reato è stato commesso.

2. Il presente articolo non ostacolerà il giudizio e la condanna di una persona colpevole di una azione o di una omissione che, al momento in cui è stata commessa, costituiva un crimine secondo i principi generali di diritto riconosciuti dalle nazioni civili.

ARTICOLO 8

Diritto al rispetto della vita privata e familiare

1. Ogni persona ha diritto al rispetto della propria vita privata e familiare, del proprio domicilio e della propria corrispondenza.
2. Non può esservi ingerenza di una autorità pubblica nell'esercizio di tale diritto a meno che tale ingerenza sia prevista dalla legge e costituisca una misura che, in una società democratica, è necessaria alla sicurezza nazionale, alla pubblica sicurezza, al benessere economico del paese, alla difesa dell'ordine e alla prevenzione dei reati, alla protezione della salute o della morale, o alla protezione dei diritti e delle libertà altrui.

ARTICOLO 9

Libertà di pensiero, di coscienza e di religione

1. Ogni persona ha diritto alla libertà di pensiero, di coscienza e di religione; tale diritto include la libertà di cambiare religione o credo, così come la libertà di manifestare la propria religione o il proprio credo individualmente o collettivamente, in pubblico o in privato, mediante il culto, l'insegnamento, le pratiche e l'osservanza dei riti.

2. La libertà di manifestare la propria religione o il proprio credo non può essere oggetto di restrizioni diverse da quelle che sono stabilite dalla legge e che costituiscono misure necessarie, in una società democratica, alla pubblica sicurezza, alla protezione dell'ordine, della salute o della morale pubblica, o alla protezione dei diritti e della libertà altrui.

ARTICOLO 10

Libertà di espressione

1. Ogni persona ha diritto alla libertà d'espressione. Tale diritto include la libertà d'opinione e la libertà di ricevere o di comunicare informazioni o idee senza che vi possa essere ingerenza da parte delle autorità pubbliche e senza limiti di frontiera. Il presente articolo non impedisce agli Stati di sottoporre a un regime di autorizzazione le imprese di radiodiffusione, cinematografiche o televisive.

2. L'esercizio di queste libertà, poiché comporta doveri e responsabilità, può essere sottoposto alle formalità, condizioni, restrizioni o sanzioni che sono previste dalla legge e che costituiscono misure necessarie, in una società democratica, alla sicurezza nazionale, all'integrità territoriale o alla pubblica sicurezza, alla difesa dell'ordine e alla prevenzione dei reati, alla protezione della salute o della morale, alla protezione della reputazione o dei diritti

altrui, per impedire la divulgazione di informazioni riservate o per garantire l'autorità e l'imparzialità del potere giudiziario.

ARTICOLO 11

Libertà di riunione e di associazione

1. Ogni persona ha diritto alla libertà di riunione pacifica e alla libertà d'associazione, ivi compreso il diritto di partecipare alla costituzione di sindacati e di aderire a essi per la difesa dei propri interessi.

2. L'esercizio di questi diritti non può essere oggetto di restrizioni diverse da quelle che sono stabilite dalla legge e che costituiscono misure necessarie, in una società democratica, alla sicurezza nazionale, alla pubblica sicurezza, alla difesa dell'ordine e alla prevenzione dei reati, alla protezione della salute o della morale e alla protezione dei diritti e delle libertà altrui. Il presente articolo non osta a che restrizioni legittime siano imposte all'esercizio di tali diritti da parte dei membri delle forze armate, della polizia o dell'amministrazione dello Stato.

ARTICOLO 12

Diritto al matrimonio

A partire dall'età minima per contrarre matrimonio, l'uomo e la donna hanno il diritto di sposarsi e di fondare una famiglia secondo le leggi nazionali che regolano l'esercizio di tale diritto.

ARTICOLO 13

Diritto a un ricorso effettivo

Ogni persona i cui diritti e le cui libertà riconosciuti nella presente Convenzione siano stati violati, ha diritto a un ricorso effettivo davanti a un'istanza nazionale, anche quando la violazione sia stata commessa da persone che agiscono nell'esercizio delle loro funzioni ufficiali.

ARTICOLO 14

Divieto di discriminazione

Il godimento dei diritti e delle libertà riconosciuti nella presente Convenzione deve essere assicurato senza nessuna discriminazione, in particolare quelle fondate sul sesso, la razza, il colore, la lingua, la religione, le opinioni politiche o quelle di altro genere, l'origine nazionale o sociale, l'appartenenza a una minoranza nazionale, la ricchezza, la nascita od ogni altra condizione.

ARTICOLO 15

Deroga in caso di stato d'urgenza

1. In caso di guerra o in caso di altro pericolo pubblico che minacci la vita della nazione, ogni Alta Parte contraente può adottare delle misure in deroga agli obblighi previsti dalla presente Convenzione, nella stretta misura in cui la situazione lo richieda e a condizione che tali misure non siano in conflitto con gli altri obblighi derivanti dal diritto internazionale.

2. La disposizione precedente non autorizza alcuna deroga all'articolo 2, salvo il caso di decesso causato da legittimi atti di guerra, e agli articoli 3, 4 § 1 e 7.

3. Ogni Alta Parte contraente che eserciti tale diritto di deroga tiene informato nel modo più completo il Segretario generale del Consiglio d'Europa sulle misure prese e sui motivi che le hanno determinate. Deve ugualmente informare il Segretario generale del Consiglio d'Europa della data in cui queste misure cessano d'essere in vigore e in cui le disposizioni della Convenzione riacquistano piena applicazione.

ARTICOLO 16

Restrizioni all'attività politica degli stranieri

Nessuna delle disposizioni degli articoli 10, 11 e 14 può essere interpretata nel senso di proibire alle Alte Parti contraenti di imporre restrizioni all'attività politica degli stranieri.

ARTICOLO 17

Divieto dell'abuso di diritto

Nessuna disposizione della presente Convenzione può essere interpretata nel senso di comportare il diritto di uno Stato, un gruppo o un individuo di esercitare un'attività o compiere un atto che miri alla distruzione dei diritti o delle libertà riconosciuti nella presente Convenzione o di imporre a tali diritti e libertà limitazioni più ampie di quelle previste dalla stessa Convenzione.

ARTICOLO 18

Limite all'applicazione delle restrizioni ai diritti

Le restrizioni che, in base alla presente Convenzione, sono poste a detti diritti e libertà possono essere applicate solo allo scopo per cui sono state previste.

L'Unione Europea vìola i diritti dell'uomo

L'Unione Europea, instaurando la "Convenzione Europea dei diritti dell'uomo", vìola i diritti umani della dichiarazione dell'ONU del 1948.
Dichiara di volerli proteggere ed applicare, ma di fatto fa esattamente l'opposto e li cancella a tutti gli effetti sottomettendo ogni individuo ad altri individui per mezzo di poteri messi in mano ad alcuni rispetto ad altri, le autorità.

**La Convenzione Europea dei Diritti dell'uomo
è a tutti gli effetti un Alto Tradimento
dei diritti umani dichiarati dall'ONU nel 1948.**

In particolare, negli articoli 5, 6 e 8, i diritti umani vengono sottomessi alla legge ed alle autorità giudiziarie, violando i diritti umani di libertà, uguaglianza e fratellanza dichiarati nel 1948 dall'ONU e firmati dagli stati membri dell'Unione Europea.

Nell'articolo 10 vengono sottoposti alcuni organi di informazione al cosiddetto "regime di autorizzazione" dello Stato.
In sostanza, la "libertà di espressione" viene sottoposta ad un regime, appunto. Ogni regime, come abbiamo già visto, vieta la libertà, l'uguaglianza e la fratellanza previsti dai diritti umani dichiarati dall'ONU nel 1948.
Ogni regime schiavizza sempre i propri sudditi e censura tutte quelle informazioni che potrebbero fargli perdere il controllo sui propri schiavi/sudditi.
La giustificazione o "scusante" finale dichiarata dalla convenzione europea nello stesso articolo 10 è questa: *"per garantire l'autorità e l'imparzialità del potere giudiziario."*
In altre parole: nessuno può ostacolare il regime del potere giudiziario in atto ...

Nell'articolo 11 si dichiara il diritto di riunione, ma esso viene vietato: "... *restrizioni legittime siano imposte all'esercizio di tali diritti da parte dei membri delle forze armate, della polizia o dell'amministrazione dello Stato.*".
In altre parole, nessuno ha alcun diritto di riunirsi se le forze armate, o la polizia o l'amministrazione dello Stato non siano d'accordo.

Nell'articolo 12 si dichiara che tutti hanno il diritto al matrimonio, ma soltanto se hanno superato l'età minima.
Anche qui, i diritti umani dei giovani vengono cancellati perché viene imposto un limite di età che non può e non deve esistere.
Nessun limite può essere imposto da alcuno se non vìola la libertà altrui.

L'articolo 15 dichiara esplicitamente la deroga (ovvero il decadimento) dei diritti umani. La loro non applicazione nei casi in cui una cosiddetta "Alta Parte" lo decida.
... Ma esattamente, chi sarebbe questa Alta Parte?
Dev'essere certamente un essere superiore... Superiore a tutti i diritti umani tanto da negarli a tutti gli altri!
Ovviamente, tutto ciò non è accettabile da tutti gli altri individui.

L'articolo 16 dichiara molteplici "Alte Parti contraenti", senza affermare chi sono, le quali possono: "*imporre restrizioni all'attività politica degli stranieri.*".

_____

In parole semplici,

la convenzione europea dei "diritti dell'uomo" li cancella tutti

dichiarando però al contempo di rispettarli, contraddicendosi continuamente.

Essa dichiara, in sostanza, che per rispettare tali diritti gli individui schiavizzati dovrebbero sottostare alle loro autorità per motivi di: "... *sicurezza nazionale, pubblica sicurezza, difesa dell'ordine, prevenzione dei reati, protezione della salute o della morale e protezione dei diritti e delle libertà altrui.".*

... Salvo poi contraddirsi in svariati articoli, come nell'articolo 14, dove dichiara che nessuno può essere discriminato per alcuna condizione sociale.
... O come nell'articolo 17, dove viene dichiarato che niente e nessuno può distruggere i diritti umani... tranne (ovviamente!) tutte le innumerevoli autorità elencate in questa "convenzione".
... O come l'articolo 1, che dichiara l'obbligo del rispetto dei diritti umani... Ma quali, quelli delle autorità? Ma certo, cos'altro?

L'articolo 18 della suddetta convenzione sembra quasi un "Mea culpa" per tutte le contraddizioni e limitazioni ai diritti umani che dichiara e che effettivamente vengono annullati completamente dalle autorità messe davanti a tutto e tutti come uniche detentrici del potere.
... E così, tutti quei "poveracci" senza alcuna autorità devono soltanto tacere e subire le angherie dei loro innumerevoli padroni che sarebbero sempre imparziali e puri d'animo e di spirito... Quelli che garantirebbero il rispetto dei diritti di tutti... Certo, come no! Lo vediamo ogni giorno.

In sostanza, le autorità ed i vertici del potere vengono considerati dalla convenzione europea alla pari di esseri perfetti, inoppugnabili, onnipotenti ed inattaccabili...
Cosa volete di più?

Ve lo hanno scritto chiaramente chi comanda davvero!
Qualcuno non lo aveva capito?

Sono le cosiddette "Alte parti".

Riassumiamo ora tutti quelli che, secondo la convenzione europea, sarebbero "esseri superiori" e dovrebbero sempre decidere le libertà di tutti gli altri cittadini:

I giudici e gli organi giudiziari.

Gli amministratori dello Stato.

I medici riconosciuti dallo Stato.

Gli scienziati riconosciuti dallo Stato.

Le forze armate.

La polizia.

Le Alte Parti contraenti.

Proprio un bel sistema piramidale, creato per il controllo e la limitazione di tutti i diritti umani dichiarati dall'ONU, che in tal modo decadono completamente a favore dei vertici della suddetta piramide di potere/comando europea.

Anche la "Carta dei diritti fondamentali dell'Unione Europea", sostanzialmente rispecchia le stesse contraddizioni e vìola allo stesso modo i diritti umani dell'ONU, mettendo sempre davanti alla libertà individuale ogni autorità che di fatto cancella i diritti dei singoli individui.

In poche parole, i diritti umani non saranno mai applicati dall'Unione Europea.
I cittadini europei, accettando questi trattati, sono diventati a tutti gli effetti schiavi delle proprie autorità.
... Ma veramente non è cambiato nulla, perché lo eravamo già!
Eravamo e siamo rimasti sudditi/dipendenti delle autorità imposte dalla nostra Costituzione. Anche se tutto ciò è pur sempre fuori legge!

Altro che diritti umani di libertà ed uguaglianza....

Potere assoluto ai giudici ed agli organi statali e sottomissione assoluta di tutti gli altri!

Questi sarebbero i fatiscenti diritti umani dichiarati nella vergognosa e talvolta persino patetica e demenziale convenzione europea.

Questo è l'inizio della fine per i veri diritti umani.

Ma noi siamo qui per riesumarli, perché sappiamo che i nostri diritti non saranno mai cancellati completamente.

E lo faremo.

L'anarchia democratica

Un'anarchia democratica (o democrazia anarchica) è l'unico modello di società che rispetta pienamente i diritti umani dichiarati dall'ONU nel 1948.

L'anarchia pura è equa e civile.

Dove c'è anarchia pura e semplice, è possibile creare un ambiente di pace, sano e rispettoso verso tutto e tutti. Un ambiente dove esista veramente libertà, uguaglianza e fraternità. Quello che molti paesi si auspicavano all'ONU nel 1948, subito dopo la seconda guerra mondiale.

Nessuna autorità, nessun padrone, nessuno schiavo.

L'anarchia non è il caos, come alcuni sostengono erroneamente.

Il caos lo crea chi detiene il potere e chi lo desidera.

Tutte queste persone vanno fermate.
Sono le stesse che inseguono la ricchezza materiale e si privano di quella morale e spirituale.
Con l'anarchia invece, nessuno può detenere il potere sugli altri per poi sfruttarli a proprio piacimento, come purtroppo oggi succede in tutto il mondo con tutte le innumerevoli autorità esistenti.
Con l'anarchia democratica sarà davvero possibile creare una società piena di rispetto per tutti e tutto, piena di amore, comprensione e benessere spirituale per tutti. Dove tutti crescano spiritualmente ogni giorno facendo le azioni giuste senza alcun tipo di sottomissione verso niente e nessuno.

Nessun organismo di controllo utilizzato come prevaricazione sugli altri individui dovrà mai più essere consentito.

La Nuova Democrazia

Una nuova democrazia libera e vera è quella necessaria per il rispetto dei diritti umani dichiarati dall'ONU nel 1948 e firmati da 193 Paesi, compresa l'Italia.

Una nuova democrazia anarchica, dove il popolo non sia formato da sudditi che devono subire le decisioni delle autorità...
I cittadini della nuova democrazia non voteranno mai più chi dovrà sottometterli, ma voteranno per ogni singola decisione da prendere senza dover eleggere i propri rappresentanti.
I rappresentanti del popolo non saranno necessari, se non in casi estremi. In questi casi saranno rappresentanti per un periodo limitato di tempo e senza alcuna autorità o stipendio dovuto alla rappresentanza.

Una democrazia dove il diritto umano della vera uguaglianza e della vera unione fraterna sia finalmente realizzato.

In questo modo sarà creato un ambiente sereno e cooperativo, dove la libertà individuale e dei gruppi possa davvero realizzarsi per il bene comune. Dove esista sempre e costantemente il vero rispetto del libero arbitrio altrui.

Tutte le disuguaglianze che oggi motivano ogni tipo di crimine non saranno più possibili poiché con il rispetto altrui, in una società veramente sinergica, tutto funzionerà al meglio.

Una democrazia che favorisca finalmente una vera crescita della coscienza spirituale, non la crescita finanziaria degli eletti o delle lobby del potere e dell'inganno.

Mai più ci saranno lobby al potere.

Attuare la Nuova Democrazia

I diritti umani saranno pienamente applicati, per la prima volta, con la formazione di una Nuova Democrazia Anarchica.
Un nuovo movimento politico che metterà in atto i diritti umani dell'ONU, cancellando, con il volere del popolo, ogni prepotenza attuata fin'ora dalle autorità che lo gestiscono sottomettendolo.

In parole povere, verrà attuata la legge che dal 1948 non è mai stata rispettata da nessuno.

La Nuova Democrazia sarà attuata nel pieno rispetto ed applicazione dei diritti umani universali dichiarati dall'ONU nel 1948 e firmati da 193 Paesi, Italia compresa.

La Nuova Democrazia sarà attuata senza autorità, affinché nessun individuo possa prevaricare gli altri in alcun modo.

Non sarà più permesso ad alcun individuo di utilizzare qualsiasi potere che possa interferire gli altri individui.

L'unico limite nella libertà di ogni individuo sarà quello di non poter in alcun modo interferire con il libero arbitrio altrui.

Gli eventuali rappresentanti del popolo, qualora ce ne fosse proprio bisogno, saranno eletti in votazioni chiare e verificabili da tutti ed avranno solo ed unicamente il compito di mettere in atto quello che il popolo stesso ha deciso, senza alcun potere aggiuntivo. Non saranno accreditati di alcun titolo e dovranno asservire al volere del popolo per il solo periodo di attuazione dell'incarico a loro assegnato.

Ogni famiglia, comunità, gruppo, paese e Comune del popolo si riunirà ogni settimana per decidere ogni cambiamento comune, tramite votazioni verificabili da tutti.

Ogni decisione sarà presa unicamente in base alle votazioni di tutti quelli che vorranno partecipare.

Non ci potrà essere l'obbligo di votazione, ma l'assenza dalle votazioni potrebbe essere determinante per le persone che non vogliano collaborare, naturalmente.

**Il libero arbitrio di ogni singolo individuo
deve essere sempre rispettato.**

Ognuno farà il proprio lavoro onesto che ha deciso di fare senza che nessuno possa impedirglielo o mettergli ostacoli di alcun tipo.

I lavori disonesti, tutti quelli che non rispettano i diritti umani dell'ONU, saranno del tutto aboliti.

Il programma per l'attuazione della Nuova Democrazia si articola in 9 punti:

Articolo 1

Diritto alla Libertà e all'Indipendenza

Uscita immediata dall'UNIONE EUROPEA

La Costituzione Italiana vìola tutti i diritti umani dichiarati dall'ONU nel 1948. Pertanto la Repubblica italiana, con la sua Costituzione fuori legge, sarà immediatamente sciolta e rimarrà altresì fuori dalla NATO e dall'Unione Europea.
Saranno automaticamente sciolti tutti gli accordi presi dall'Italia con qualunque stato straniero.

L'Italia sarà divisa immediatamente nei diversi territori che chiederanno la propria indipendenza.

Ad ognuno sarà riconosciuta immediatamente la propria indipendenza, a cascata. Alle Regioni, alle Provincie, ai Comuni, alle frazioni, alle varie comunità, alle famiglie ed ai singoli individui.

L'indipendenza di ogni territorio verrà attuata permettendo un distacco graduale e non improvviso, in modo che ognuno si possa adeguare al nuovo stato in essere; ciononostante sarà sempre permesso il distacco immediato, nel pieno rispetto dei diritti umani.

Tutti gli individui od organismi che si opporranno saranno immediatamente fermati, processati ed accompagnati in un centro di recupero.

Articolo 2

Diritto alla Verità.

Dichiarazione di illegittimità di tutti gli organi di censura.

La I. A. (Intelligenza Artificiale) ed i fact-checker (verificatori di verità) saranno dichiarati illegittimi.
Con essi, verranno immediatamente fermati tutti gli organismi per il controllo e la manipolazione di massa. Tutte le lobby di potere, a cominciare da quelle segrete e dalle massonerie, saranno fermate. Verrà fermata la censura.

La Verità non può essere censurata.
La Libertà è legata alla conoscenza della Verità, senza inganni.

Tutti hanno il diritto di conoscere ogni Verità.
La censura della Verità va contro a tutti i diritti dell'uomo riconosciuti universalmente.

La Verità deve essere diffusa senza alcun filtro.
Nessun luogo potrà essere mantenuto segreto.
Chiunque ha il diritto di poter accedere a qualunque base segreta.
Chiunque ha il diritto di poter conoscere qualsiasi documento segreto o secretato.

Nessun segreto può essere mantenuto ai membri dello stesso popolo e nemmeno agli altri popoli quando c'è il rispetto reciproco.

La segretezza è sempre usata per il controllo dei singoli e delle masse e per ciò và bandita e sempre dichiarata un crimine.

Articolo 3

Diritto all'Equità.

Dichiarazione di illegittimità del potere economico.

Distribuzione equa delle ricchezze. Tetto massimo del 200% tra il guadagno massimo e il guadagno minimo per ogni ambiente di lavoro e per ogni comunità o Comune indipendente.
Tutto il guadagno in eccesso sarà ripartito con tutti i lavoratori del medesimo ambiente lavorativo e comunità, o Comune.

Nessuno ha il diritto di arricchirsi eccessivamente rispetto ai propri colleghi o compaesani perché questo crea rotture sociali e padronismo/schiavismo.

Riconoscimento della Proprietà.
Tutti i dipendenti di qualsiasi ente diventeranno co-proprietari dell'ente in cui lavorano in base al tempo ed alle risorse che hanno impiegato in esso.
Votazioni annuali democratiche stabiliranno quale posto sarà occupato da ogni persona nell'ambito lavorativo.

Diffida alle banche e agli speculatori finanziari.
Nessuna banca potrà più gestire il denaro, saranno solo i correntisti a poterlo gestire autonomamente.
Nessuna banca o speculatore potrà usufruire di soldi creati dal nulla o di soldi non propri.

Dichiarazione di illegittimità della speculazione bancaria e di qualunque altro tipo di speculazione finanziaria ai danni dei lavoratori onesti che producono beni reali.

Articolo 4

Eliminazione degli obblighi.

Dichiarazione di illegittimità di qualunque obbligo.

Nessun obbligo deve più essere consentito, nemmeno quello scolastico o vaccinale.

Qualsiasi obbligo vìola il diritto umano alla libertà e deve essere annullato immediatamente.

Non può esistere alcun obbligo per legge.

La scuola elementare sarà consentita e non obbligata a chiunque voglia imparare, senza alcun obbligo.
Lo studio dovrà sempre essere presente in ogni ambito sociale e lavorativo.
Qualunque luogo di lavoro avrà sempre pause di studio e di attività fisica sportiva per favorire la salute fisica.

Lo schiavismo verrà completamente eliminato.

Articolo 5

Privatizzazione di tutti gli enti.

Eliminazione di ogni Autorità.

Tutti gli enti pubblici diverranno privati. Nessun ente potrà pesare su contribuenti che non lo vogliano. Ogni cittadino sarà libero di pagare o meno un organo sanitario o scolastico, assicurativo o di altro genere senza alcun obbligo.

Nessuna autorità potrà più esistere.

Nessuna autorità giudiziaria o politica o di altro genere sarà messa al di sopra del popolo perché nessuno ha il diritto di scavalcare la libertà di tutti gli altri individui.
Il libero arbitrio dei singoli individui e dei gruppi formati dagli individui liberi saranno totalmente intoccabili fintanto che rispettino i diritti altrui.
Tutti i cittadini interessati, attraverso votazioni democratiche, decideranno insieme qualunque aspetto della propria comunità o Comune o Provincia o Regione riunendosi almeno una o due volte a settimana, riunioni che potranno essere fatte anche via etere, nel caso lo decidano.

Nessun politico di carriera o giudice di carriera potrà scavalcare il volere degli altri cittadini, come nessun'altra autorità. Tutti i cittadini andranno a lavorare in maniera etica ed equa, facendo un lavoro onesto ed impedendo qualunque tipo di attività disonesta che prevalga sui diritti umani di tutti gli altri.
Ognuno contribuirà ad evitare che qualcuno sottometta altri individui o commetta dei crimini contro i diritti umani.

Nessuna banca o banchiere potrà più arricchirsi.
Nessuna speculazione sarà più permessa, nemmeno nella vendita di immobili o di altro.
Saranno sciolti tutti gli organi dello Stato, comprese le forze

dell'ordine, l'esercito, la polizia e tutti gli altri. Non saranno più necessari. In casi di necessità lo faranno i cittadini accreditati di tale compito da tutti i cittadini con votazioni democratiche.

Nessuna struttura piramidale di controllo sociale potrà più essere consentita, né pubblica, né privata né tanto meno segreta.

La massoneria e le sue pratiche vanno contro tutti i diritti umani e tutte le leggi in vigore e va fermata immediatamente. La stessa sorte tocca anche a tutti i generi di polizie segrete e le varie lobby che controllano tutti i popoli del mondo.

Tutte le lobby di controllo saranno dichiarate illegittime e fermate con ogni mezzo.

Il diritto alla libertà, all'uguaglianza, alla sicurezza ed alla difesa della proprietà può esistere solamente quando non ci sia alcuna autorità che possa interferire in alcun modo.

L'uguaglianza può esistere soltanto senza alcuna autorità.

Da adesso, ogni autorità non avrà più alcun potere e dovrà ritenersi un cittadino come tutti gli altri.
Tutti gli individui che hanno occupato una qualsiasi autorità subiranno un processo immediato fatto dai cittadini stessi, in particolare da quelli che hanno subito ingiustizie dovute al mancato rispetto dei propri diritti umani.

Articolo 6

Libertà di lavoro e di studio.

Dichiarazione di illegittimità degli albi professionali.

Il diritto allo studio ed alla comprensione dei diritti umani sarà uguale per tutti.

Tutti potranno studiare ciò che desiderano, partendo dalla logica della conoscenza e del rispetto dei diritti umani e del libero arbitrio altrui.
Tutti potranno fare qualunque mestiere in base al proprio desiderio, senza alcun limite. Ciò che guadagneranno sarà unicamente in base a quello che i propri clienti pagheranno.
Come per tutti gli altri lavori, il limite massimo di guadagno personale rispetto agli altri individui della stessa comunità dovrà rimanere entro il doppio del più povero. I guadagni eventualmente aggiuntivi saranno ripartiti equamente con tutti i membri lavoratori della stessa comunità.

I vincoli statali degli albi professionali, attualmente usati dal potere come ricatto per soggiogare il popolo e sottometterlo, saranno immediatamente dichiarati illegittimi e cancellati.

Saranno inoltre abrogati tutti quei lavori che permettono qualunque tipo di scavalcamento e schiacciamento del popolo e dei suoi diritti.

Nessuno potrà più elevarsi al di sopra del popolo.

Nessun organo di potere. Nessun organismo piramidale, ma tutti allo stesso livello.

Tutti eguali nei diritti, nella ricchezza e nella collaborazione sociale.

Articolo 7

Rispetto dell'ambiente.

Divieto di caccia. Divieto di contaminazione. Divieto di sperimentazione animale ed umana.

Nel totale rispetto dell'ambiente e delle creature, sarà vietato qualunque tipo di caccia o sperimentazione animale od umana nonché l'utilizzo di prodotti velenosi nell'ambiente ed in ogni altro ambito.

Saranno eliminati gli OGM e qualunque sperimentazione sulla manipolazione artificiale del DNA e degli OGM, sia umano che animale che vegetale.

Saranno ripristinate, come possibile, le antiche semenze non contaminate dagli OGM o da qualunque altro prodotto chimico.

Saranno eliminate il prima possibile tutte le antenne che emettono onde elettromagnetiche potenti, dannose per la salute umana, animale e vegetale, e le sostituiremo con una tecnologia non dannosa, già conosciuta.

Sarà fermato qualunque tipo di inquinamento ambientale e processati i criminali fautori di danni alle persone ed all'ambiente.

Nessuna manipolazione del DNA umano sarà più consentita.

Nessuna manipolazione artificiale del DNA è etica. Nemmeno quella di piante o animali. È tutto fuori legge perché non rispetta l'ambiente e le creature viventi.

Articolo 8

Fermare il controllo della mente umana.

Fermare qualunque interferenza al libero arbitrio.

Saranno incriminati e processati tutti gli individui che lavorano per sottomettere la volontà altrui, il libero arbitrio altrui.
Non sarà permesso alcun tipo di insegnamento per sottomettere la mente di altre persone al proprio volere.

Purtroppo i nostri fanatici padroni del mondo credono di avere tanta consapevolezza, ma non ne hanno nemmeno un briciolo.
Sono le persone più stupide sulla faccia della terra. Non sanno assolutamente ciò che fanno a se stessi. Credono di farlo solo agli altri, ma il male lo stanno facendo a loro stessi.

Non sarà permesso alcun Nuovo Ordine Mondiale od organismo simile di controllo sociale.

Saremo tutti indipendenti, non più controllati visibilmente o nascostamente dai servizi segreti, polizie segrete, massonerie o altro.
Saremo davvero liberi ed indipendenti proprio come è scritto e firmato nei diritti umani dichiarati dall'ONU.

Nessuna organizzazione al di sopra dei cittadini sarà consentita.

Nessuno potrà gestire impunemente il popolo attraverso l'utilizzo di strumenti come l'informatica, il denaro, la manipolazione dei media e della mente umana. Saranno tutti fermati e processati dal popolo stesso, soprattutto da chi è stato più danneggiato da essi.

Tutti i cittadini saranno informati e messi a conoscenza di cosa è la mente/energia e come funziona effettivamente, per impedire che in futuro qualcuno possa tornare a controllare la mente umana e l'anima.

Tutti hanno il diritto di conoscere le verità fondamentali della vita, dell'universo e delle origini del Tutto.

Tutti hanno il diritto di conoscere sé stessi in quanto "infinito" e "creatori".

Tutti hanno il diritto di sapere che gli unici fautori della propria esistenza sono loro stessi.

Tutti hanno il diritto di sapere che il non applicare i diritti umani esposti in questo testo significa andare contro a se stessi, alla propria integrità ed alla propria vera origine, quella naturale.

Articolo 9

Incentivare lo sviluppo della coscienza

L'importanza del baratto e della vera solidarietà

Le uniche armi rimaste in possesso alle persone oneste e consapevoli sono lo sviluppo della coscienza attraverso la solidarietà tra simili, il baratto e l'unione in cominutà indipendenti al di fuori di tutti i sistemi di sottomissione sociale.

Cerchiamo di utilizzare il più possibile il baratto come sistema di scambio. In questo modo, le banche parassite chiuderanno e noi ci riprenderemo in mano il nostro potere economico.
Gli speculatori dovranno trovarsi un lavoro onesto, oppure rimarranno a scannarsi tra di loro.

Le persone oneste e con una coscienza sviluppata dovrebbero creare delle comunità totalmente indipendenti da tutto, come già avviene in alcuni luoghi nel mondo, per cominciare a liberarsi dalla dittatura messa in atto dal potere economico e dagli stati criminali che non rispettano i diritti umani.

Attuiamo la vera solidarietà. Quella tra simili, ovvero tra persone oneste in egual misura. La vera solidarietà non crea parassitismo di qualcuno che sa solo ricevere e mai dare. Il parassitismo rovina ogni comunità o gruppo, o paese. L'italia è piena di questo genere di persone e le tasse servono per alimentare il parassitismo, che non ha nulla a che vedere con quello che si chiama "solidarietà".
Nessuno deve approfittare della disponibilità delle persone buone ed oneste.

Non donate denaro ad associazioni varie.
Nemmeno alle false ricerche.
Nemmeno alle raccolte fondi effettuate tramite le banche.

La solidarietà dovete farla direttamente alle persone interessate, se non volete alimentare qualche parassita che se ne approfitta.

Ognuno crei la propria indipendenza da tutto.

Intelligenza Artificiale?

Quale intelligenza? Artificiale? Ma scherziamo?

L'Intelligenza Artificiale non esiste.

I computer memorizzano, analizzano e manipolano enormi quantità di dati, ma senza alcun tipo di comprensione. Sono solo macchine!

Senza comprensione non può esistere alcuna intelligenza.

L'Intelligenza Artificiale, così erroneamente chiamata, non è affatto intelligenza, ma semplicemente uno stupido programma che risponde in base ai dati in suo possesso. Dati manipolati da scelte umane. Un programma può essere complesso quanto volete, ma non avrà mai alcuna capacità di discernere. Per cui non ha alcuna intelligenza e non potrà mai averne.
Possono copiare atteggiamenti umani, riprodurli di continuo senza comprensione, senza sentimento, senza morale, senza etica.

Le lobby di potere vorrebbero trasformarci tutti in robot biologici al loro servizio, per i loro profitti ed i loro affari.
Robot biologici senza più alcun tipo di coscienza autonoma, un po' come oggi ci mostrano quello che sanno fare le "intelligenze artificiali" ed i loro robot, sempre più "umanizzati" in apparenza, ma rimangono disumani.
"Umanizzati" non significa umani, significa solamente che stanno copiando i comportamenti, per ingannarci.
Copiare e riprodurre i sentimenti ed i ragionamenti umani, non è come possederli con coscienza e comprensione.
Le macchine possono solamente copiare, memorizzare, ripetere e manipolare i dati in loro possesso in totale stupidità, senza una logica umana. Questa non si può chiamare "intelligenza".

La semplice memorizzazione e manipolazione di dati non è il vero studio nemmeno per gli esseri umani.

L'intelligenza vera è la capacità di uscire da tutti gli schemi mentali.

Non si tratta della capacità di ripeterli.

La vera intelligenza è determinata unicamente dalla capacità di discernere e di uscire da tutti gli schemi o cicli mentali e da tutte le nozioni già memorizzate per trovare nuove soluzioni e nuovi schemi da applicare a qualsiasi nuovo problema di vita.

La vera intelligenza consiste nella comprensione, qualcosa di cui si prende coscienza e determina le emozioni connesse.

Solo le entità biologiche sono dotate di intelligenza propria. Non i robot biologici in cui vorrebbero trasformarci tutti (alcuni di noi purtroppo già lo sono).

Nessuna macchina potrà mai avere un barlume di intelligenza.

L'intelligenza artificiale non dovrebbe mai gestire alcuna scelta umana perché non si tratta di vera intelligenza ma della distruzione di essa.

Appello a tutte le autorità

Mentre alcune autorità nel mondo dichiarano che non può esserci pace con l'indipendenza, andando contro a ciò che loro stessi hanno firmato e giurato di rispettare, il punto è e rimane che la pace ed il benessere è possibile solamente con l'indipendenza di ogni territorio, area, famiglia ed individuo.

A queste autorità voglio dire:

State andando contro voi stessi. Fermatevi adesso.

Se non comprendete qualcosa di quello che avete firmato e giurato di rispettare, rileggetelo e studiatelo.
So che non è facile per nessuno, soprattutto per un parassita, lasciare liberi gli individui a cui si è attaccati unicamente per succhiare energia e anima.
Ma il distacco, appena superata l'iniziale crisi di identità, sarà una liberazione anche per voi.
Il distacco avverrà comunque, anche perché nessuno è eterno, almeno in questo piano esistenziale.
Meglio staccarsi ora, finché avrete la possibilità di comprendere ciò che avete fatto e perché.

Il karma non perdona nessuno.
Vi tornerà sempre indietro tutto ciò che avete fatto e che farete.
... E gli unici responsabili di ciò che accadrà a voi stessi sarete sempre e solo voi stessi.
Da questo non potrete fuggire per sempre.

La consapevolezza non potrete mai sconfiggerla.

La consapevolezza ha già vinto, che lo sappiate o meno.

Vi auguro di trovarne anche voi, almeno una piccola scintilla.

Conclusione

Creare una società pacifica e collaborativa con vero spirito di fratellanza che unisce gli individui?

Era questo l'iniziale intento dell'ONU...

È fattibile, ma bisogna applicarsi per realizzarlo.

Non aspettatevi che lo facciano le autorità o le persone più abbienti.
Cominceranno a farlo (hanno già cominciato) le persone meno abbienti, quelle più sveglie, più libere dal controllo della mente umana. Quelle che non hanno nulla da perdere e che non temono nulla, che non temono di perdere il posto di lavoro per le loro idee o proposte.

Non saranno i vittimisti a realizzare una società migliore, quelli che cercano sempre di incolpare qualcuno o qualcosa d'altro all'infuori di se stessi per tutto quello che stanno vivendo.

I veri diritti umani sono i diritti naturali, quelli che rispettano la natura di tutto e di tutti. Non possono e non devono essere manipolati da alcun tipo di "autorità" o "scienziato" pazzo. Sia sempre chiaro questo.

Osservate la natura incontaminata, i fiumi, i mari, le foreste, i deserti, tutti i cicli vitali dell'atmosfera della flora e della fauna quando non vengono manipolati dall'uomo...
Tutto ciò vi dimostra come dovrebbe funzionare anche la convivenza civile tra umani che non interferiscano sul libero arbitrio di tutti gli altri.

Mettetelo in atto, adesso.